economia do turismo

O selo DIALÓGICA da Editora InterSaberes faz referência às publicações que privilegiam uma linguagem na qual o autor dialoga com o leitor por meio de recursos textuais e visuais, o que torna o conteúdo muito mais dinâmico. São livros que criam um ambiente de interação com o leitor – seu universo cultural, social e de elaboração de conhecimentos –, possibilitando um real processo de interlocução para que a comunicação se efetive.

Pedro Monir Rodermel

economia do
turismo

 **EDITORA intersaberes**

Rua Clara Vendramin, 58 . Mossunguê
CEP 81200-170 . Curitiba . PR . Brasil
Fone: (41) 2106-4170
www.intersaberes.com
editora@editoraintersaberes.com.br

Conselho editorial
> Dr. Ivo José Both (presidente)
> Dr.ª Elena Godoy
> Dr. Nelson Luís Dias
> Dr. Neri dos Santos
> Dr. Ulf Gregor Baranow

Editora-chefe > Lindsay Azambuja

Supervisora editorial > Ariadne Nunes Wenger

Analista editorial > Ariel Martins

Capa > Roberto Querido

Projeto gráfico > Raphael Bernadelli

Dados Internacionais de Catalogação na Publicação
(CIP) (Câmara Brasileira do Livro, SP, Brasil)

Rodermel, Pedro Monir
    Economia do Turismo/Pedro Monir Rodermel. 1. ed. –
Curitiba: InterSaberes, 2014.

    Bibliografia
    ISBN 978-85-8212-998-2

1. Economia 2. Política econômica 3. Turismo 4. Turismo–
Aspectos econômicos I. Título.

14-03799   CDD-338.4791

    Índice para catálogo sistemático:
1. Economia do turismo 338.4791
2. Turismo: Economia 338.4791

1ª edição, 2014.
Foi feito o depósito legal.

Informamos que é de inteira responsabilidade do autor a emissão de conceitos.

Nenhuma parte desta publicação poderá ser reproduzida por qualquer meio ou forma sem a prévia autorização da Editora InterSaberes.

A violação dos direitos autorais é crime estabelecido na Lei n. 9.610/1998 e punido pelo art. 184 do Código Penal.

Sumário

apresentação⁸

Como aproveitar ao máximo este livro¹¹

1 economia: um olhar inicial¹⁴

2 fundamentos da microeconomia do turismo⁶⁴

3 o estudo das firmas¹⁰⁴

4 a visão macroeconômica de governo e as contas nacionais¹⁴⁶

5 políticas macroeconômicas¹⁶⁸

6 o setor público e o turismo¹⁹²

7 crescimento e desenvolvimento econômico: uma abordagem para o turismo²¹⁸

Para concluir... 237

referências 240

respostas 246

Sobre o autor 259

*Para Andrea,
com amor.*

*Obrigado, Nathassia,
pela incansável colaboração na elaboração deste livro.*

apresentação

O turismo conquista, de forma gradual e definitiva, importância no cenário global como atividade economicamente representativa e capaz de, juntamente a outros setores, oferecer subsídios para um maior desenvolvimento local. A atividade turística apresenta intersecções com os mais diversos setores da economia, demonstrando cada vez mais sua importância estratégica na constituição de novos empreendimentos e na realização de negócios interligados a diversas áreas, promovendo riqueza para os mais variados segmentos da população.

Os temas abordados neste livro têm como principal objetivo elucidar de forma teórica e prática aspectos econômicos ligados ao turismo, oferecendo subsídios para que os profissionais que desejam atuar na área ou já estão nela inseridos percebam a importância que esse setor apresenta.

Para os estudantes da área do turismo, este livro apresenta conceitos essenciais e busca expor teorias aplicáveis à sua futura profissão. Daí a seleção de exemplos especialmente ligados ao turismo. Para os interessados, estudiosos e profissionais de outras áreas, a obra oferece subsídios importantes relativos à economia e ao turismo, entendendo que esse conhecimento é relevante na medida em que o turismo não é um fenômeno isolado, mas sim interligado aos outros setores econômicos.

O livro está distribuído em sete capítulos, construindo um panorama do pensamento econômico que, em seguida, é aplicado à dinâmica da disciplina do Turismo. No primeiro capítulo, oferecemos um breve histórico da economia, destacando as principais escolas econômicas, as teorias econômicas mais relevantes e seus principais articuladores.

O segundo capítulo aborda os fundamentos da microeconomia, com destaque para o funcionamento do mercado turístico. Nesse capítulo, discutimos o produto turístico e apresentamos as características da oferta e suas determinantes, as peculiaridades da demanda e a segmentação do mercado turístico.

Ainda considerando o estudo microeconômico, o terceiro capítulo trata do comportamento das empresas, enfatizando os custos e as receitas, as estruturas de mercado e a importância das externalidades para a constituição de leis e normas que atuam sobre toda a sociedade.

A visão macroeconômica de governo e as contas nacionais são temas do quarto capítulo. Além dos agregados macroeconômicos, esse capítulo trata dos índices relacionados à área, com destaque para o Produto Interno Bruto (PIB), o Índice de Desenvolvimento Humano (IDH) e o Índice de Gini (IG).

O quinto capítulo é dedicado ao estudo das políticas macroeconômicas. Nele, abordamos os principais objetivos e os instrumentos utilizados para a aplicação dessas políticas.

O foco do sexto capítulo é o setor público. Estudaremos as contas nacionais, os tributos e a balança comercial. Nessa parte do texto, destacamos o estudo da conta satélite do turismo, assunto imprescindível para entender o efeito do turismo na economia.

Por fim, discutimos no último capítulo o crescimento e o desenvolvimento econômico, enfatizando a atividade turística como participante nesse processo. Para isso, são apresentados primeiramente os impactos econômicos do turismo e, em seguida, as diferenças entre crescimento e desenvolvimento.

Ao finalizar seus estudos, você será capaz não apenas de compreender conceitos fundamentais de economia e de turismo, mas também de entender este último como um vetor de desenvolvimento, a partir do momento em que o setor apresente qualificação e competitividade e que seus profissionais entendam-no sob o enfoque econômico.

Como aproveitar ao máximo este livro

Este livro traz alguns recursos que visam enriquecer o seu aprendizado, facilitar a compreensão dos conteúdos e tornar a leitura mais dinâmica. São ferramentas projetadas de acordo com a natureza dos temas que vamos examinar. Veja a seguir como esses recursos se encontram distribuídos no decorrer desta obra.

Logo na abertura do capítulo, você fica conhecendo os conteúdos que nele serão abordados. »

conteúdos do capítulo:
› Conceito de economia.
› Noções gerais de economia e turismo.
› A evolução do pensamento econômico.
› As principais teorias microeconômicas.

Você também é informado a respeito das competências que irá desenvolver e dos conhecimentos que irá adquirir com o estudo do capítulo. »

após o estudo deste capítulo, você será capaz de:
1. conceituar **economia**;
2. identificar o turismo como atividade econômica;
3. compreender os principais termos econômicos;
4. relacionar os principais termos econômicos ao turismo;
5. identificar as principais escolas econômicas;
6. reconhecer as características das principais escolas econômicas;
7. entender as principais teorias microeconômicas;
8. demonstrar a importância das teorias microeconômicas para o desenvolvimento da atividade turística.

Esta seção traz ao seu conhecimento situações que vão aproximar os conteúdos estudados de sua prática profissional. »

Estudo de caso

A lei das vantagens comparativas é aplicável ao turismo? Vamos usar como exemplo a cidade de Ouro Preto, no Estado de Minas Gerais, famosa pela sua arquitetura colonial. Ela foi a primeira cidade brasileira a ser declarada Patrimônio Histórico e Cultural da Humanidade pela Organização das Nações Unidas (ONU), em 1980, na Comissão para a Educação, a Ciência e a Cultura (Unesco). Convidamos você a entrar no site oficial da cidade, em seu portal de turismo, e ver as imagens de suas localidades.
OURO PRETO. Prefeitura Municipal. **Portal do Turismo de Ouro Preto**. Disponível em: <http://www.ouropreto.mg.gov.br/portaldoturismo/index/index.php>. Acesso em: 21 nov. 2012.
Também convidamos você a analisar alguns dados importantes sobre o turismo no seguinte site:
BRASIL. Ministério do Turismo. Programa de Regionalização do Turismo. **Índice de competitividade do turismo nacional**: 65 destinos indutores do desenvolvimento turístico regional. Ouro Preto, 2011. Disponível em: <http://www.ouropreto.mg.gov.br/portaldoturismo/upload/arquivos/2012-09-04-74c6d40b13.pdf>. Acesso em: 20 nov. 2013.
O Índice de competitividade do turismo nacional (Brasil, 2011) descreve assim o município: "o destino faz parte da região turística Circuito do Ouro, juntamente com municípios como Mariana e Congonhas". Os principais segmentos turísticos nos quais Ouro Preto é comercializado são o Turismo Cultural, o Ecoturismo e o Turismo de Negócios e Eventos. "Os principais atrativos de Ouro Preto, conforme constatado durante a pesquisa de campo, são o Centro

Você dispõe, ao final do capítulo, de uma síntese que traz os principais conceitos nele abordados. »

Síntese

Este primeiro capítulo buscou mostrar a você a importância da economia no contexto atual, de modo que possamos, com o desenvolvimento dos próximos capítulos, aproximarmo-nos de questões mais pertinentes ao turismo com maior clareza e profundidade.

Apresentamos uma breve história do pensamento econômico, tratando de sua evolução a partir das sociedades comunais primitivas, passando pela sociedade feudal e analisando os pensamentos mercantilista, fisiocrata e clássico.

Em seguida, tratamos das diversas teorias que mantêm sua importância, sua aplicabilidade e sua influência nos dias atuais, como a **teoria da mão invisível**, a **teoria da população**, a **lei da vantagem comparativa**, a **lei dos mercados**, a **lei da utilidade marginal decrescente** e a **teoria do valor**.

Com estas atividades, você tem a possibilidade de rever os principais conceitos analisados. Ao final do livro, o autor disponibiliza as respostas às questões, a fim de que você possa verificar como está sua aprendizagem. »

Questões para revisão

1. A atividade econômica é dividida em três setores, conforme os tipos de bens, serviços e processos produtivos utilizados. Leia as afirmativas a seguir e, na sequência, escolha a alternativa que corresponde à verdadeira:

   I. O setor primário é aquele que tem seu conjunto de atividades relacionado com a aquisição de produtos vindos da agricultura, da mineração, da pesca e da pecuária.

   II. O setor secundário é aquele que tem relação com os bens que sofrem uma transformação. Aqui estão situadas todas as empresas industriais ou de transformações de bens.

61
economia do turismo

---

interferência daquele que está formulando ou estudando a economia.

A esse respeito, Keynes (1917, citado por Carvalho et al. 2008, p. 23), um dos economistas mais importantes para essa ciência, afirma:

> *Uma ciência positiva pode ser definida como um corpo sistematizado de conhecimento referente ao que é; uma ciência normativa ou de regulamentação é um corpo sistematizado de conhecimento associado a critérios que definem o que deve ser, referindo-se, portanto, a um ideal, diferente do atual.*

Nesta seção, a proposta é levá-lo a refletir criticamente sobre alguns assuntos e trocar ideias e experiências com seus pares. »

Questão para reflexão

Ao depararmos com uma situação conflituosa, lançamos mão de argumentos para apoiar nosso ponto de vista. Nesse exercício, utilizamos argumentos positivos e argumentos normativos. Com relação aos efeitos ocasionados pelo desenvolvimento da atividade turística não é diferente: quando apoiamos o incremento da atividade turística em determinado município, entendemos que existirão resultados positivos e negativos advindos desse desenvolvimento. Em sua opinião, quais são os principais efeitos ocasionados pelo desenvolvimento da atividade turística em um município? Enumere os efeitos positivos e negativos, posicionando-se em seguida com relação à importância dessa atividade para o desenvolvimento local.

A economia busca estudar não apenas as condições materiais de produção e reprodução da riqueza, suas variadas formas

21
economia do turismo

essas questões são interdependentes e atuam sobre as diversas organizações econômicas na forma de perguntas:
> Quais são e em que quantidades serão produzidos os bens e serviços?
> De que maneira esses bens e serviços deverão ser produzidos?
> Para quem serão destinados esses bens e serviços produzidos?

É possível relacionar cada uma dessas perguntas com os diversos setores da economia, o que inclui também o setor turístico, que se relaciona com diversos outros setores econômicos, como o da alimentação, dos transportes, da construção civil, de lazer e entretenimento, do comércio varejista e do vestuário, apenas para citarmos alguns exemplos. Então, vejamos:

Quando questionamos o que e quanto produzir, estamos pensando sobre o alcance e o volume das necessidades que serão atendidas. Primeiro, conceituemos o que vem a ser *necessidade*. **Necessidade** é um estado de insatisfação que precisa ser suprido. São as necessidades que levam o indivíduo à ação. A busca pela satisfação é, portanto, um fator motivacional.

Você pode consultar as obras indicadas nesta seção para aprofundar sua aprendizagem. >>

Para saber mais
Para se aprofundar no tema *necessidade*, pesquise sobre a hierarquia de necessidades, conhecida como a "Pirâmide de Maslow", criada pelo psicólogo Abraham Maslow (1908-1970). A obra está disponível em: <http://www.4shared.com/zip/GMbaEgoL/Livro_-_Abraham_H_Maslow_-_Int.html>. Acesso em: 1º abr. 2014.

1 economia: um olhar inicial

conteúdos do capítulo:

> Conceito de **economia**.
> Noções gerais de economia e turismo.
> A evolução do pensamento econômico.
> As principais teorias microeconômicas.

após o estudo deste capítulo, você será capaz de:

1. conceituar **economia**;
2. identificar o turismo como atividade econômica;
3. compreender os principais termos econômicos;
4. relacionar os principais termos econômicos ao turismo;
5. identificar as principais escolas econômicas;
6. reconhecer as características das principais escolas econômicas;
7. entender as principais teorias microeconômicas;
8. demonstrar a importância das teorias microeconômicas para o desenvolvimento da atividade turística.

Vamos analisar alguns conceitos que envolvem o estudo da economia que são importantes pela sua ligação com o turismo, possibilitando o entendimento dessa atividade como fenômeno capaz de contribuir de maneira significativa para o desenvolvimento econômico de uma localidade. Este capítulo apresenta, além de noções gerais de economia e turismo, um histórico da evolução do pensamento econômico, além das principais teorias microeconômicas. O histórico contempla, além das sociedades comunais primitivas, a sociedade feudal, a escola fisiocrata e a escola clássica. Em seguida, abordamos algumas teorias e leis microeconômicas fundamentais e seus principais articuladores. Destacamos para estudo a teoria da mão invisível, a teoria da população, a lei da vantagem comparativa, a lei dos mercados, a lei da utilidade marginal decrescente e a teoria do valor.

1.1 Definindo economia

No dia a dia, a economia se apresenta em todos os lugares, o que nos coloca continuamente ante uma questão econômica. Essa área do conhecimento humano faz parte do nosso cotidiano, no entanto, resolvemos um problema econômico frequentemente de maneira leiga, sem a aplicação de conhecimentos obtidos por meios rigorosos, que ofereçam resultados que venham a solucionar de modo satisfatório a dificuldade apresentada.

Mas é oportuno perguntar: O que vem a ser um problema econômico?

Ora, problemas, de forma geral, são questões que se apresentam e exigem soluções. Sob o ponto de vista econômico, essas questões são interdependentes e atuam sobre as diversas organizações econômicas na forma de perguntas:

> Quais são e em que quantidades serão produzidos os bens e serviços?
> De que maneira esses bens e serviços deverão ser produzidos?
> Para quem serão destinados esses bens e serviços produzidos?

É possível relacionar cada uma dessas perguntas com os diversos setores da economia, o que inclui também o setor turístico, que se relaciona com diversos outros setores econômicos, como o da alimentação, dos transportes, da construção civil, de lazer e entretenimento, do comércio varejista e do vestuário, apenas para citarmos alguns exemplos. Então, vejamos: Quando questionamos o que e quanto produzir, estamos pensando sobre o alcance e o volume das necessidades que serão atendidas. Primeiro, conceituemos o que vem a ser *necessidade*. **Necessidade** é um estado de insatisfação que precisa ser suprido. São as necessidades que levam o indivíduo à ação. A busca pela satisfação é, portanto, um fator motivacional.

Para saber mais

Para se aprofundar no tema *necessidade*, pesquise sobre a hierarquia de necessidades, conhecida como a "Pirâmide de Maslow", criada pelo psicólogo Abraham Maslow (1908-1970). A obra está disponível em: <http://www.4shared.com/zip/GMbxEgoL/Livro_-_Abraham_H_Maslow_-_Int.html>. Acesso em: 1º abr. 2014.

Dessa forma, com base na análise das necessidades, as pessoas tem de escolher o que deve ser produzido e em quais quantidades, diante da certeza de que os recursos são limitados. É possível afirmar que, ao produzirmos determinado bem ou serviço, sacrificamos a produção de outra coisa, visto os recursos disponíveis serem restritos. Assim, por exemplo, se optarmos por construir um hotel, necessariamente deixaremos de construir um prédio de apartamentos destinado à moradia naquele mesmo local. O terreno, nesse exemplo, é um dos recursos limitados. Também a mão de obra, o material e os aportes financeiros utilizados são exemplos de recursos limitados, que, por opção, foram empregados na construção do hotel em detrimento do prédio de moradia.

Quando nos perguntamos qual é a melhor forma de produção, inevitavelmente temos de pensar sobre a tecnologia a ser empregada, de modo a escolher os métodos mais eficientes para a produção de determinado bem ou serviço – aqueles que apresentam menor custo com o maior benefício possível. Aqui se levanta a questão relativa à eficiência produtiva.

A **eficiência produtiva** significa que, ao utilizar os fatores de produção e a tecnologia disponíveis em uma economia a fim de produzir determinado bem ou serviço, abrimos mão de produzir outro, já que nos deparamos com uma fronteira de possibilidade de produção. A existência da eficiência produtiva significa que uma empresa, diante da fronteira de possibilidade de produção, e com a tecnologia e os fatores de produção disponíveis, produz o máximo de bens com o mínimo de fatores produtivos. Portanto, novamente deve-se realizar uma escolha entre os diversos recursos produtivos existentes para a produção de determinados bens e serviços.

Em um restaurante, por exemplo, é necessário optar entre a produção de refeições com uso de panelas e fogões industriais ou com o uso de panelas de ferro, em fogão à lenha. Quanto à terceira pergunta, que que diz respeito ao destinatário do produto, o que está em jogo é a escolha do público adequado a quem se destinam os bens e serviços produzidos. Essa pergunta está ligada à segmentação de mercado.

Segmentação de mercado: o processo de dividir um mercado em pequenos grupos, reconhecendo que ele é formado por grupos de pessoas com características distintas, os quais são denominados *segmentos*.

Para Lage e Milone (2001), a segmentação de mercado no turismo vai muito além de uma noção acadêmica; é uma estratégia que visa a uma maior otimização do setor, tanto sob a óptica das empresas quanto dos turistas, já que as empresas buscam elevar ao máximo seus lucros, e os turistas, maximizar sua satisfação.

O problema originário das necessidades intermináveis do ser humano ante as limitações dos recursos existentes para sua satisfação faz parte do conceito de **economia** (Vasconcellos; Garcia, 2004). O termo *economia* deriva das palavras gregas *oikos* e *nomos* (no grego *oikosnomos*), com a primeira significando "casa" e, mais amplamente, o universo habitado, e a segunda caracterizando o termo pelo qual os gregos designavam o que hoje é a lei. A junção das duas palavras nos dá a ideia de "colocar uma casa em ordem", o que também pode ser entendido como gerenciar, gerir, administrar um universo habitado.

A definição de Samuelson (1975, p. 3) é consensualmente uma das mais aceitas para *economia*:

> *Economia é o estudo de como os homens e a sociedade decidem, com ou sem a utilização do dinheiro, empregar recursos produtivos escassos, que poderiam ter aplicações alternativas, para produzir diversas mercadorias ao longo do tempo e distribuí-las para consumo, agora e no futuro, entre diversas pessoas e grupos da sociedade. Ela analisa os custos e os benefícios da melhoria das configurações de alocação de recursos.*

Essa definição apresenta conceitos importantes, de modo que, com um olhar mais apurado, vemos as bases e os objetos do estudo da ciência econômica. Termos como *decisão, recursos, escassez, produção, distribuição, consumo, custos* e *benefícios* carecem de um desenvolvimento mais pormenorizado a fim de que se entenda a aplicabilidade da economia como ciência. Todos esses termos serão tratados no decorrer de nosso estudo.

Por ser uma ciência, o estudo da economia apresenta certa continuidade durante os séculos. Sempre que se apresentam novas teorias, elas recorrem às ideias anteriores, aprofundando-as ou refutando-as, apontando para novas direções. Os argumentos apresentados pelos estudiosos para as novas teorias podem ser positivos ou normativos.

Os **argumentos positivos** são aqueles que não implicam juízo de valor, apresentando-se sob a forma de argumentos descritivos e medições científicas. Os **argumentos normativos**, por sua vez, são aqueles que apresentam um juízo de valor, uma interferência daquele que está formulando ou estudando a economia.

A esse respeito, Keynes (1917, citado por Carvalho et al. 2008, p. 23), um dos economistas mais importantes para essa ciência, afirma:

> Uma ciência positiva pode ser definida como um corpo sistematizado de conhecimento referente ao que é; uma ciência normativa ou de regulamentação é um corpo sistematizado de conhecimento associado a critérios que definem o que deve ser, referindo-se, portanto, a um ideal, diferente do atual.

Questão para reflexão

Ao depararmos com uma situação conflituosa, lançamos mão de argumentos para apoiar nosso ponto de vista. Nesse exercício, utilizamos argumentos positivos e argumentos normativos. Com relação aos efeitos ocasionados pelo desenvolvimento da atividade turística não é diferente: quando apoiamos o incremento da atividade turística em determinado município, entendemos que existirão resultados positivos e negativos advindos desse desenvolvimento. Em sua opinião, quais são os principais efeitos ocasionados pelo desenvolvimento da atividade turística em um município? Enumere os efeitos positivos e negativos, posicionando-se em seguida com relação à importância dessa atividade para o desenvolvimento local.

A economia busca estudar não apenas as condições materiais de produção e reprodução da riqueza, suas variadas formas de distribuição, as maneiras de circulação e o consumo, mas também as estruturas produtivas, considerando as relações de produção, a divisão do trabalho, os princípios do mercado, os ciclos econômicos e os modelos de propriedade. Ocupa-se, ainda, dos modos de produção, das transformações e crises econômicas, assim como da origem e das formas de desenvolvimento econômico social (Chaui, 2002, p. 276).

Para entendermos melhor o estudo econômico, vamos retomar alguns termos importantes que usamos na definição de economia. Você deve se lembrar de que destacamos os termos *decisão, recursos, escassez, produção, distribuição, consumo, custos* e *benefícios* e dissemos que é necessário um olhar mais pormenorizado que estabeleça uma relação entre eles. Vamos fazer isso?

Tudo aquilo que usamos para a produção de determinados bens e serviços são considerados **recursos**. Estes se apresentam de forma limitada, por isso afirmamos que são escassos.

É justamente a **escassez** que caracteriza esse conjunto de elementos, materiais ou imateriais, como a riqueza. Esse conjunto precisa, em sua maioria, sofrer adaptações para satisfazer as necessidades humanas. A essas adaptações denominamos **produção**, cujo significado, no sentido econômico, é transformar ou criar uma utilidade para os bens e serviços. Essa transformação pode acontecer em três setores da economia: setor primário, setor secundário e setor terciário.

Setores da economia: a atividade econômica está dividida em três setores, pautados nos diversos tipos de bens e serviços e nos processos produtivos envolvidos. São eles:

› *Setor primário*: é aquele que tem o seu conjunto de atividades relacionado à aquisição de produtos vindos da agricultura, da mineração, da pesca e da pecuária.

› *Setor secundário*: é aquele que tem relação com os bens que sofrem uma transformação. Aqui estão situadas todas as empresas industriais ou de transformações de bens.

› *Setor terciário*: é aquele formado pelo conjunto de atividades econômicas ligadas à prestação de serviços. Nesse caso, denominamos *setor de serviços*. Esse setor engloba o turismo. Por isso, é correto afirmar que o turismo pertence ao setor terciário ou setor de serviços.

Fonte: Adaptado de Montejano, 2001, p. 105.

Após a fase de adaptação às necessidades humanas, os bens devem estar disponíveis para o consumo. A essa disponibilidade de bens e serviços denominamos **distribuição**. Como o consumidor não pode ter tudo o que deseja em razão de algumas restrições – que podem ser de origem orçamentária, por exemplo –, ele deve tomar uma **decisão** sobre o que quer consumir. Ao optar pelo **consumo** de determinado bem ou serviço, ele está abrindo mão de outros. Essa escolha é feita pelo estabelecimento de uma relação entre os **custos** envolvidos e os **benefícios** adquiridos.

1.2 O pensamento econômico: uma breve história

Forneceremos aqui uma visão histórica de como o pensamento econômico evoluiu e quais são as contribuições dos diversos períodos para o que entendemos hoje como *economia*.

Vamos começar com os primeiros agrupamentos sociais, passando pela sociedade feudal, para, então, estudarmos as principais escolas definidoras do pensamento econômico atual. Tal estudo oferece subsídios para você entender as principais teorias microeconômicas que compõem a segunda parte da discussão neste capítulo.

1.2.1 As sociedades comunais primitivas

Historicamente, a primeira forma de produção é aquela feita por um grupo de pessoas que se juntam, fixando-se em um território definido e passando a plantar e a caçar. Para Sandroni (1999, p. 332), a "população que habita determinado território e se articula de acordo com formas particulares de produção e reprodução, e com um conjunto de valores que definem seus padrões de comportamento, convivência e identidade cultural", pode ser denominada de *sociedade*. Portanto, esse primeiro agrupamento que se fixa em um território, inaugurando uma forma de produção (nesse caso, a caça e a pesca), é a chamada *sociedade comunal primitiva*. Engels (2004, p. 51-52) descreve esse período como aquele em que inexistia a propriedade privada e no qual não havia divisão entre os grupos sociais, tampouco o Estado ou as leis. O poder, segundo o autor, era comunitário, representado apenas pela figura de um chefe, escolhido pela própria comunidade, o qual apaziguava situações conflituosas e tinha a respeitabilidade assegurada pelo seu comportamento moral.

Esse grupo formava uma comunidade diferente das anteriores, já que abandonou o nomadismo e começou a se relacionar como um grupo estável, estabelecendo o uso coletivo dos meios de produção e firmando laços familiares e de cooperação. Nesse grupo não existia a propriedade privada, pois todos os bens e modos de produção eram comuns. Também não havia o Estado, pois inexistiam relações de dominação entre proprietários e não proprietários. Essa estrutura de poder somente passou a existir quando alguns homens começam a dominar os demais.

Nessa sociedade, a importância da terra era absoluta, já que a vida dependia do que ela proporcionava. A esse respeito, Andrade (1998) discorre sobre os objetivos do trabalho do ser humano, afirmando direcionarem-se sempre no sentido da apropriação dos recursos oferecidos pela natureza. É o modo de apropriação de recursos que varia no decorrer do tempo e no espaço, estando ligado à forma de propriedade dominante.

Assim, afirma Andrade (1998), nas sociedades primitivas havia um sistema comunitário no qual tanto a terra quanto seus frutos pertenciam à comunidade. Sua exploração era realizada pelo conjunto de pessoas pertencentes àquela comunidade, sendo os benefícios distribuídos entre todas elas. O autor argumenta que reside justamente aí a diferença entre as sociedades primitivas e a sociedade capitalista: a ideia de propriedade social ou comunitária.

Esse modo de produção e relação, conhecido como *sociedades comunais primitivas*, abrange um longo período de tempo, centenas de milhares de anos, enquanto – para você ter uma ideia – os períodos de escravismo e de feudalismo mal ultrapassam 5 mil anos.

1.2.2 A sociedade feudal

O feudalismo iniciou-se no século V, quando os germânicos invadiram o império romano, que estava fortemente arraigado na Europa. Essas incursões entraram na história como as *invasões bárbaras*. As características principais do sistema feudal eram a descentralização do poder, a economia agrícola e as relações de trabalho baseadas na "suserania e vassalagem". A estrutura política baseava-se na relação de fidelidade, já que o rei doava terras ao senhor feudal, e este, em troca de proteção e terra, oferecia ao rei produtos, impostos e serviços. Nas terras recebidas, o senhor feudal exercia todos os poderes, determinando as leis e cuidando de seu cumprimento, além de controlar a economia e deter todo o poder político. A única figura superior a ele era o rei, que detinha poderio militar muito maior, o que lhe permitia suplantar o poder dos feudos.

A sociedade feudal não apresentava mobilidade social. Sua estrutura era baseada em uma hierarquia rigorosa. Os senhores feudais, os cavaleiros, os condes, os duques e os viscondes representavam a nobreza. A Igreja Católica detinha um grande poder, já que era responsável pela espiritualidade da sociedade, sendo a religião uma importante maneira de controle social. A Igreja não arrecadava impostos, porém tinha liberdade para cobrar dízimos e contribuições diversas. A classe mais baixa da população era formada por camponeses e pequenos artesãos, chamados *servos*, os quais se tornavam a mão de obra das propriedades. Eles cuidavam da terra, enquanto mulheres se dedicavam aos afazeres domésticos dos domicílios feudais. Os servos pagavam taxas, tributos, dízimos e dedicavam horas do seu trabalho para o senhor feudal e para a Igreja.

As instituições religiosas detinham um papel muito importante nesse período. Sua influência ultrapassava a dimensão religiosa, expandindo-se sobre o modo de pensar, o comportamento e as decisões de toda a sociedade. Pouco valor davam à ciência, valorizando o obscurantismo e o ocultismo. Além disso, também dispunham de grandes extensões de terra, tornando seu poder, além de espiritual, terreno.

Ocultismo: conjunto de elementos ou fenômenos para as quais não se encontram explicações em leis naturais. Denomina-se como *ocultista* aquele que possui conhecimentos sobre coisas ocultas ou assuntos não compreendidos por outros que não comungam do mesmo conhecimento.

Obscurantismo: situação daquele que está em completa ignorância. No campo social, é a atitude ou política que se caracteriza por não se pretender transmitir e difundir o conhecimento, mantendo determinada parcela da sociedade na ignorância.

A economia baseava-se na agricultura e os feudos mantinham um sistema de trocas entre si, com o pagamento sendo normalmente feito em mercadorias. Já existiam moedas nesse período, porém seu uso era bastante restrito. A produtividade era baixa, em função de os equipamentos serem rudimentares e as técnicas de trabalho, insipientes e primárias. Todo o sistema era calcado no trabalho braçal. Utilizavam-se poucas ferramentas, apenas como auxiliares, caso da forja e do arado, por exemplo. O artesanato era muito praticado e a classe dos artesãos também estava submetida às agruras da classe mais pobre.

As guerras se caracterizavam como uma das principais formas de se obter e sustentar o poder. Os senhores feudais possuíam exércitos e suas moradias eram verdadeiras fortalezas, onde viviam os padres e os nobres, ligados intimamente ao rei, ao senhor feudal ou a ambos. Formava-se um exército em uma aliança entre feudos e reis. Os camponeses, distantes dos feudos, trabalhando nas terras, sustentavam a classe privilegiada e as cidadelas fortificadas. Eles pouco usufruíam essas fortificações, estando à mercê das guerras e de suas consequências.

Somente os filhos dos nobres estudavam, e essa educação era fortemente influenciada e comandada pela Igreja. A população, em geral, era formada por analfabetos. Os livros eram inacessíveis e a arte, marcada pela religiosidade, com a clara intenção de doutrinar a população. As construções, os castelos e as igrejas, a música e os quadros da época eram marcados por esse lastro religioso.

O fim do feudalismo ocorreu de modo lento, pois seu enfraquecimento foi gradual e vagaroso. As mudanças vieram como uma pequena brisa que, aos poucos, modificou a sociedade, a política e a economia. A partir do século XII, o surgimento das cruzadas impulsionou o renascimento comercial e o restabelecimento de relações entre a Europa e o Oriente, anulando o isolamento imposto pelos feudos. Nessas modalidades comerciais, o uso da moeda começou a assumir importância, desarticulando o sistema de trocas, base do feudalismo.

Cruzadas: expedições militares organizadas pela Igreja com a finalidade de recuperar Jerusalém, tirando-a dos domínios dos povos não cristãos. Essas expedições ocorreram entre os anos de 1096 até 1270. Entre as principais consequências das cruzadas estão: a abertura do mediterrâneo à navegação, impulsionando o comércio europeu e o fortalecimento das cidades italianas, principalmente Veneza, Gênova e Florença; o desenvolvimento comercial do Oriente Médio e da Ásia, principalmente com a vinda de produtos e especiarias da Índia; o desenvolvimento de centros comerciais em vilas e cidades, causando êxodo do campo em direção aos centros; a introdução de novas técnicas de navegação por meio do contato da Europa com outros povos; e o surgimento de uma nova classe social que se dedicava ao comércio e ao artesanato, em detrimento das antigas classes formadas pelos senhores das terras e seus servos.

Os centros urbanos começaram a se expandir, parte em virtude do comércio, parte em razão de novas formas produtivas desvinculadas da agricultura. Com esse crescimento, vários camponeses e servos compraram a liberdade ou fugiram para os centros urbanos, inchando-os ainda mais. Surgiu, então, uma nova classe social, denominada *burguesia*, detentora do comércio e de forte poder econômico. Aos poucos, essa nova classe tirou o poder dos senhores feudais, contribuindo com impostos para os reis, o que permitiu que estes contratassem exércitos particulares, independentemente do sistema de troca de favores com os feudos. No final do século XV, o feudalismo era uma sombra fraca e desarticulada e seus senhores perdiam poder, prestígio e influência. As bases para um novo sistema estavam plantadas. Surgiu, então, o capitalismo.

1.2.3 A escola mercantilista

Apresentaremos, agora, o cenário histórico que propiciou um novo conjunto de ideias que vieram a ser os principais pontos doutrinários da escola mercantilista.

As comunidades feudais lentamente se tornaram autossuficientes, o que permitiu que existisse o comércio de produtos excedentes. As cidades passaram a apresentar um crescimento acentuado e, com isso, o comércio se expandiu tanto dentro das cidades quanto entre elas. Esse período também caracterizou-se por uma elevada troca comercial entre diversos países, o que ampliou o uso da moeda. As descobertas de novos continentes também ajudaram a ampliar a esfera comercial: os países mais poderosos aumentaram sua influência e conquistaram novas colônias, muitas delas com grandes reservas de minérios, o que favorecia o acúmulo de metais preciosos. Surgiu, então, um conjunto de novas ideias, que promoviam o nacionalismo, enaltecendo o comércio e defendendo as expansões econômica e militar (Brue, 2011).

A maioria dos historiadores data o período da escola mercantilista entre 1500 e meados de 1700. Essa escola defende como princípios fundamentais a importância do ouro e da prata, o nacionalismo, a colonização, o controle do estado e a importância de uma numerosa população trabalhadora.

Entenderemos, agora, os princípios fundamentais do mercantilismo.

Esse sistema pregava que, quanto maior o volume de metais preciosos que um país conseguia acumular, maior a sua riqueza. Assim, um país deveria atentar para o comércio internacional, priorizando a venda de produtos, já que as negociações eram feitas em ouro e prata. Ora, quanto mais um país vendesse, mais metais preciosos ele acumularia. Constatamos aqui uma valorização exacerbada do comércio.

Agregado ao comércio intenso, a colonização apresentava-se como necessária e imprescindível, já que nas colônias era possível encontrar novas matérias-primas e produtos para fortalecer o comércio, inclusive porque, em muitos casos, elas abundavam em metais preciosos.

Dessa forma, o mercantilismo impulsionou as novas descobertas. Era necessário, então, que as novas terras se mantivessem sob o jugo dos colonizadores, devendo a eles obediência. Além disso, os colonizadores controlavam tudo o que a colônia possuía, fortalecendo o nacionalismo das metrópoles e provocando diversas guerras.

Dispor de uma população numerosa e trabalhadora era importante, pois significava um bom número de soldados e marinheiros não apenas para as descobertas, mas também para as guerras, além de mão de obra farta para a produção, o que implicava salários baixos, permitindo assim que fossem cobrados preços menores nos produtos de exportação, o que favorecia a venda diante da concorrência, garantindo maior entrada de ouro e prata. Aliado a isso, as pessoas teriam de trabalhar mais, como forma de compensar os salários irrisórios, diminuindo o tempo livre e, portanto, a ociosidade.

Como você pode observar, essa doutrina favoreceu os comerciantes, os reis e os funcionários do governo (Brue, 2011). Sua contribuição mais duradoura é a ênfase dada ao comércio internacional e à importância dos saldos positivos na balança comercial. Ela também é importante pelas consequências da defesa do nacionalismo, visto até hoje em muitos países, que acabam oferecendo concessões diversas para encorajar novos investimentos, ao mesmo tempo que erguem barreiras comerciais a fim de resguardar as indústrias nacionais.

1.2.4 A escola fisiocrata

Em oposição às características feudais que impregnavam a França e às ideias mercantilistas, surgiu a escola fisiocrata, com início em 1756, ano em que François Quesnay (1694-1774) publicou seu primeiro artigo sobre economia. Essa linha teórica durou apenas duas décadas, podendo-se considerar 1776 o ano de seu término.

O excesso de poder do governo, os exageros nas regulamentações e o nacionalismo exagerado retardaram o desenvolvimento da indústria francesa. Um governo corrupto, com regalias desmedidas, favorecimentos aos nobres e protecionismo aos comerciantes fez com que as ideias fisiocratas fossem aceitas como labaredas em palha seca.

As principais ideias defendidas pela escola fisiocrata dizem respeito à ordem natural, à não interferência do governo e à ênfase na agricultura. Vamos agora entender o que significam esses pressupostos.

O termo *fisiocrata* quer dizer "regra da natureza". Portanto, a defesa da ordem natural das coisas estava implícita no próprio nome da escola. Na esfera econômica, essa ordem natural pressupunha que todos os indivíduos deveriam ter o direito natural de desfrutar os resultados do seu trabalho, desde que isso harmonizasse com o direito dos outros. Logo, a interferência do governo não seria necessária nos assuntos econômicos. A expressão usada para essa não interferência é *laissez-faire, laissez-passer,* que pode ser traduzida como "deixe as pessoas fazerem o que quiserem sem a interferência do governo" (Brue, 2011, p. 35). Para os fisiocratas, o governo deveria se ater à proteção dos cidadãos e à garantia do direito à propriedade privada.

Contrários aos mercantilistas, os fisiocratas defendiam a agricultura como a única atividade capaz de produzir excedentes, isto é, um produto que suplantasse os recursos aplicados na sua produção. Para os seguidores de Quesnay, a classe que envolve o comércio, a indústria e as outras profissões existentes era útil, porém estéril, já que, segundo Quesnay (citado por Oliveira e Gennari, 2009, p. 69), essa classe era "formada por todos os cidadãos ocupados em outros serviços e outros trabalhos, diferentes dos da agricultura, cujas despesas são pagas pela classe produtiva e pela classe dos proprietários, tirando estes seus rendimentos da classe produtiva". Portanto, para os fisiocratas, somente a agricultura produzia além dos custos aplicados nela, já que os recursos exigidos por essa atividade eram principalmente a terra e a mão de obra.

Em função de somente a agricultura produzir excedentes, apenas os proprietários da terra deveriam ser taxados. O raciocínio seguia esta lógica: os impostos aplicados diretamente aos proprietários da terra funcionariam mais adequadamente do que os impostos indiretos aplicados a outros, já que essa taxação indireta aumentava à medida que era aplicada sobre as outras atividades subsequentes àquela atividade primária, ou seja, a agricultura.

Apesar de diversas ideias fisiocratas mostrarem-se incorretas, como considerar a indústria e o comércio estéreis, muitas contribuições dessa escola tornaram-se duradouras. Entre elas, a análise da sociedade e das leis que regem a circulação de riqueza e de bens, estabelecendo a ligação entre a economia e a sociedade, cravando assim os pilares para uma ciência social. Outro ponto de extrema relevância é que, ao defender o *laissez-faire*, os fisiocratas abriram a discussão sobre o papel do governo na economia.

1.2.5 A escola clássica

Em 1776, com a publicação do livro *A riqueza das nações*, de Adam Smith (1723-1790), iniciou-se um novo período para a economia: o começo da escola clássica. Nesse período, cujo término ocorreu por volta de 1870, vários trabalhos foram apresentados defendendo, entre outros fatores, o liberalismo econômico. Suas bases divergem das primeiras escolas porque defendem "a liberdade pessoal, a propriedade privada, a iniciativa individual, a empresa privada e a interferência mínima do governo" (Brue, 2011, p. 48). As divergências se acentuaram na medida em que, nas escolas anteriores, propunham-se restrições relativas à escolha das profissões, ao comércio de determinados produtos, ao entendimento de equilíbrio de mercado e à importância de todos os setores econômicos. Entre os principais pontos defendidos nessa escola estão o envolvimento mínimo do governo, o comportamento humano movido pelo autointeresse, a harmonia natural dos mercados, a importância de todos os setores econômicos e a busca por leis econômicas.

O primeiro ponto defendido pelos clássicos é uma interferência mínima do governo. Para essa escola, as forças que livremente regem os mercados permitem um autoajustamento da economia, isto é, tanto a relação entre fornecedores e consumidores quanto aquela entre empregadores e empregados tenderiam ao equilíbrio, visto todos serem movidos por um comportamento que prioriza seus próprios interesses. Dessa forma, os produtores e os mercadores forneceriam seus produtos para obtenção de lucro, os trabalhadores ofereceriam sua mão de obra em troca de salários e os consumidores comprariam os produtos para sua própria satisfação.

Haveria, então, uma harmonia de interesses, e, portanto, não haveria necessidade de interferência do governo para que esses interesses alcançassem um equilíbrio. Para os clássicos, ao buscarem os interesses individuais, os indivíduos permitem que os melhores interesses se estabeleçam na sociedade.

Diferentemente dos mercantilistas, que priorizavam o setor do comércio, e dos fisiocratas, que defendia a agricultura e a terra como únicas fontes de riquezas, a escola clássica apresentava todas as atividades econômicas como fontes igualmente fortes de riqueza. Tanto a agricultura como a produção, tanto o comércio interno quanto o internacional, constituíam a riqueza de um país. Dessa forma, a terra, a mão de obra, o capital e a capacidade empresarial seriam definidores da riqueza de uma nação.

Entre os clássicos também despontam as leis que futuramente iriam permitir a análise e a constituição de importantes teorias econômicas. Entre elas, destacam-se a lei da vantagem comparativa, a lei da utilidade marginal decrescente, a teoria do valor, a lei dos mercados e a teoria da população, para citar apenas alguns exemplos de contribuições discutidas até os dias atuais.

As contribuições duradouras dessa escola incluem ainda o conceito de **soberania do consumidor**, a importância do acúmulo de capital para o crescimento econômico e o funcionamento do mercado como um encontro entre interesses dos indivíduos e da sociedade.

Vamos tratar dessas principais leis, teorias e contribuições na próxima seção, por meio da apresentação dos principais autores clássicos e de suas contribuições, considerando sua influência nos dias atuais.

1.3 As teorias microeconômicas e seus principais articuladores

As teorias que discutiremos a seguir mostram sua força e importância em virtude de sua aplicabilidade prática. Por isso, buscamos apresentar, no decorrer do texto, exemplos que lhe permitirão relacionar essas ideias ao mercado turístico.

1.3.1 A teoria da mão invisível

Uma importante consideração levantada por Adam Smith está intimamente ligada às leis de mercado. Para o pensador escocês, todo indivíduo age buscando seu próprio interesse, atuando pela perspectiva de uma recompensa. Para Smith (1985, p. 380), "ao perseguir seus próprios interesses, o indivíduo muitas vezes promove o interesse da sociedade muito mais eficazmente do que quando tenciona realmente promovê-lo".

Portanto, o economista compreendeu que não é preciso nenhum tipo de intervenção para que o equilíbrio de mercado aconteça, pois esse equilíbrio aconteceria naturalmente, já que, de forma camuflada, muitas vezes imperceptível, a tendência ao autointeresse, ou ao egoísmo, levaria à harmonia social. É como se uma mão invisível, sustentada pela competição e pelo egoísmo, conduzisse ao bem-estar de toda a sociedade.

Atrelada a essa teoria, Smith defende a intervenção do Estado na economia somente em casos de segurança nacional e quando da criação e da sustentação de obras com finalidades de bem-estar social.

Sobre isso, veja o exemplo a seguir.

Uma agência abre suas portas. O proprietário não está agindo dessa forma porque é apaixonado pela venda de pacotes turísticos. Isso pode até influenciar, mas, com certeza, ele é movido pela intenção de obter lucro com a venda de tais pacotes. O consumidor, por sua vez, não busca a agência com a intenção de que ela obtenha lucro. Ele vai em busca de sua própria satisfação, ou seja, deseja adquirir um pacote turístico que conte com os melhores atributos pelo menor preço possível. Ambos são movidos pelos próprios interesses. Quando fecham negócio, certamente os dois o fazem de tal forma que a satisfação é recíproca – o consumidor porque obteve o que queria, e a agência porque alcançou seu objetivo.

Adam Smith (1723-1790)

Crédito: Cadell e Davies (1811)

Adam Smith nasceu em Kirkcaldy, na Escócia, em 5 de junho de 1723, e faleceu em Edimburgo, Reino Unido, no dia 17 de julho de 1790. O livro que o consagrou como um dos mais importantes pensadores da história foi um tratado econômico de 900 páginas, publicado em 1776, intitulado *An Inquiry into the Nature and Causes of the Wealth of Nations* (*Uma indagação sobre a natureza e a causa das riquezas das nações*, em português). Essa obra não causou impacto de imediato, mas, diante dos fatores históricos conjunturais, posteriormente passou a ser reconhecida como um dos marcos da história do pensamento econômico. Nesse trabalho, Adam Smith posiciona-se contrário às políticas mercantilistas, enfatizando a não necessidade das regulamentações, da intervenção do governo na economia e das leis que dificultavam as relações entre capital e força de trabalho.

Entre as principais ideias apresentadas em seu livro, podemos citar: o trabalho humano como a causa da riqueza das nações; a identificação do bem-estar de uma nação atrelada ao seu produto anual *per capita*; a defesa da livre-iniciativa, conhecida como *laissez-faire*; a divisão do trabalho como fator de aumento da produção e, portanto, de aumento da riqueza de um país; a existência do interesse próprio como direcionador do mercado, conhecido como *teoria da mão invisível*; e a intervenção do governo somente em áreas restritas ao bem-estar social.

1.3.2 A teoria da população

Durante os séculos XVIII e XIX, a revolução industrial e a solidificação do capitalismo proporcionaram um intenso crescimento populacional. O crescimento na produção de alimentos diminuiu a taxa de mortalidade; com isso, as famílias tendiam a ser numerosas, como forma de aumentar os ganhos, trabalhando todos como operários nas indústrias, que, por sua vez, apresentavam um crescimento vertiginoso nessa época. Sem dúvida, percebia-se esse crescimento principalmente entre os mais pobres. É nesse cenário que Malthus (1766-1834) expõe sua preocupação com relação ao aumento populacional. O pensador acreditava que o crescimento demográfico iria suplantar a capacidade de produção de alimentos, ocasionando fome e miséria. Foi a primeira teoria a associar o crescimento populacional com a fome.

Para Malthus (1982, p. 185), "a causa imediata do aumento da população é o excesso de nascimentos sobre as mortes; e o ritmo de aumento, ou o período de duplicação, depende da proporção que o excesso de nascimentos sobre as mortes guarda para a população".

A principal característica da teoria populacional de Malthus é o pessimismo. Para o economista inglês, (Malthus, 1982, p. 166), "pelas leis da natureza o homem não pode viver sem comida. Seja qual for a taxa a que a população cresce sem ser obstaculizada, nunca e em nenhum país ela pode efetivamente crescer além dos alimentos necessários ao seu sustento". Esse pessimismo perpassa todas as alternativas apresentadas pelo autor para solucionar o problema. Proibir casais muito jovens de terem filhos, controlar a quantidade de filhos nos países pobres, reduzir salários ou aumentar o tempo de trabalho como forma de forçar a diminuição da natalidade são algumas sugestões conhecidas como *malthusianas*.

Malthus acreditava ser impossível reduzir as taxas de fecundidade, já que ela é ocasionada por fatores que dificilmente sofreriam intervenção. Por isso, defendia os benefícios de desastres, epidemias e guerras, já que as calamidades acarretam a diminuição substancial da população.

Thomas Robert Malthus (1766-1834)

Crédito: The Popular science monthly (1909)

A 13 ou 14 de fevereiro de 1766, nasceu em Rookery, na Inglaterra, esta controversa figura do pensamento econômico. Malthus faleceu em 23 de dezembro de 1834, em Bath, também na Inglaterra. Filho de um cavalheiro distinto, pertencente à média aristocracia rural, Malthus conviveu com grandes intelectuais da época, como Jean-Jacques Rousseau e David Hume. Formou-se sacerdote em 1788 e publicou sua obra mais importante em 1798, *An Essay on* the Principle of Population (*Ensaio sobre o princípio da população*, em português). A obra teve uma nova publicação ampliada em 1803. Malthus foi professor da Faculdade da Companhia das Índias Orientais e pertenceu à cátedra de Economia Política da Inglaterra.

Os estudos e as teorias de Malthus apresentam uma característica demasiadamente pessimista. Ele defende, em contraposição à "mão invisível" de Smith, a constante necessidade de adaptação do ser humano às exigências da natureza. Para Malthus, não existe a harmonia natural preconizada por Smith. O homem deveria buscar, continuamente, uma melhoria nas condições de vida de sua existência.

De acordo com Malthus, os motivadores da conduta do homem têm base individual, o que, do ponto de vista moral, implica que cada um escolhe suas ações, de modo a satisfazer necessidades e obter prazer, comportamento que, na maioria das vezes, entra em conflito com os outros membros da sociedade. Daí a importância de uma intervenção governamental mais abrangente do que aquela pregada por Adam Smith. Para Malthus, o governo deveria sempre intervir, criando instruções e leis para influenciar as pessoas, de forma a conciliar a felicidade e o bem-estar social.

A sua preocupação mais importante, sem dúvida, foi com a questão populacional. Esse é o ponto mais controverso de sua obra. Malthus toma partido da burguesia, afirmando que o operariado e os pobres em geral são a parte menos valiosa da sociedade, necessitando, portanto, ter sua expansão controlada. Deveriam ser abolidas quaisquer leis de amparo que viessem a fortalecer as classes mais baixas. O autor prega que uma política de bem-estar social cujo princípio fosse a distribuição de renda seria inútil, já que os mais pobres utilizariam essa renda para o consumo de futilidades ou para a manutenção de vícios, enquanto o fortalecimento das classes de maior renda iria resultar na poupança do excedente e em sua subsequente aplicação em investimentos que trariam um progresso geral à sociedade.

A teoria malthusiana defende que, para evitar o aumento populacional, uma extinção gradativa das leis que amparam os pobres deveria ser implementada, além da promulgação de leis que controlassem o casamento, como maneira de evitar o número de filhos e impedir um aumento excessivo do número de trabalhadores perante a demanda.

Logicamente, essa teoria não levava em conta a possibilidade de um aumento substancial na oferta de alimentos, como acontece atualmente, em razão da tecnologia e do aumento do consumo da demanda reprimida. Os estudos de Malthus, apesar de toda a polêmica, trouxeram à tona problemas que se entrelaçam e são dignos de preocupação tanto para aquele como para este momento histórico: o crescimento populacional, o destino das previdências sociais, as políticas sociais e a redistribuição de renda.

1.3.3 A lei da vantagem comparativa

Sempre que um país apresenta vantagem na produção de determinado bem em relação a outro país, ele deve priorizar sua produção e adquirir do outro o bem que ele produz com menos eficiência. Dessa forma, os ganhos que recebe produzindo o que lhe traz vantagem permitem a ele comprar de outros países os bens que não consegue produzir de forma tão eficiente.

David Ricardo é um dos economistas que defende essa postura, explicando-a da seguinte maneira:

> Se um país estrangeiro pode oferecer-nos uma mercadoria mais barata do que o preço a que podemos produzi-la, é preferível comprá-la com uma parcela da produção de nossa própria indústria, de tal modo que tenhamos alguma vantagem. Sendo a quantidade total de trabalho de um país sempre proporcional ao capital que lhe dá emprego, ela não acompanhará a redução deste, mas buscará um meio em que possa ser utilizada com a maior vantagem possível. (Ricardo, 1996, p. 422)

Considerando a lei da vantagem comparativa, o comércio internacional apresenta benefícios para os países que se relacionam pois permite que se especializem naquilo em que são relativamente mais eficientes. Dessa forma, um país comercializa o produto que lhe é mais vantajoso, adquirindo produtos onde essa vantagem não se apresenta. Ricardo apresenta o caso da Inglaterra e de Portugal em sua obra *Princípios de economia política e tributação*, publicada pela primeira vez em 1817, na qual exemplifica muito bem essa posição:

> A Inglaterra pode estar em tal situação que, necessitando do trabalho de 100 homens por ano para fabricar tecidos, poderia, no entanto, precisar do trabalho de 120 durante o mesmo período, se tentasse produzir vinho. Portanto, a Inglaterra teria interesse em importar vinho, comprando-o mediante a exportação de tecidos. Em Portugal, a produção de vinho pode requerer somente o trabalho de 80 homens por ano, enquanto a fabricação de tecido necessita do emprego de 90 homens durante o mesmo tempo. Será, portanto, vantajoso para Portugal exportar vinho em troca de tecidos. Essa troca poderia ocorrer mesmo que a mercadoria importada pelos portugueses fosse produzida em seu país com me-

nor quantidade de trabalho que na Inglaterra. Embora Portugal pudesse fabricar tecidos com o trabalho de 90 homens, deveria ainda assim importá-los de um país onde fosse necessário o emprego de 100 homens, porque lhe seria mais vantajoso aplicar seu capital na produção de vinho, pelo qual poderia obter mais tecido da Inglaterra do que se desviasse parte de seu capital do cultivo da uva para a manufatura daquele produto. (Ricardo, 1996, p. 98)

Aqui está um exemplo do motivo pelo qual, para Ricardo (1996), o comércio internacional é bom para todos os países envolvidos, independentemente do estágio de desenvolvimento econômico de cada um, justificando o posicionamento desse economista clássico que defendia a redução das barreiras ao livre comércio.

Levando-se em conta a teoria das vantagens comparativas, é possível afirmar que cada país deve especializar-se na produção do bem que consegue oferecer a um custo menor. É justamente esse o produto que deve ser destinado à exportação. Por outro lado, a nação deve importar os produtos cuja fabricação interna implica custos relativamente maiores que em outros países. Dessa forma, a especialização dos países na produção de bens diferenciados é concretizada quando cada qual comercializa aqueles em que leva vantagem comparativa aos outros.

Importação: é a comercialização de bens ou serviços, trazendo-os de outros países.
Exportação: é a comercialização de bens ou serviços, levando-os para fora do país que os estão comercializando.

David Ricardo (1772-1823)

Crétido: Thomas Phillips

Nascido em Londres, em 18 de abril de 1772, David Ricardo cresceu no mundo do comércio, ajudando seu pai, um opulento comerciante de origem judaica que veio da Holanda e se estabeleceu na capital da Inglaterra, onde fez fortuna. Ainda jovem, David Ricardo enriqueceu, já que, trabalhando na bolsa de valores, entendia do mundo de negócios e finanças, movendo-se com desenvoltura nesse meio.

Seu contato com a obra de Adam Smith, em 1799, impulsionou-o a estudar com maior afinco os temas econômicos, dando origem a obras que retratam sua preocupação com os problemas que ele vivenciara na prática. Seus estudos exerceram grande influência sobre os neoclássicos e sobre os economistas marxistas, tornando-o um economista fundamental para o desenvolvimento da ciência econômica. Suas obras tratam de temas importantes, como a teoria do valor-trabalho, o comércio internacional e a importância do controle monetário para o desenvolvimento econômico.

Em 1818, publicou seu primeiro trabalho, intitulado *The High Price of Bullion: a Proof of the Depreciation of Bank Notes* (*O alto preço do ouro: uma prova da depreciação das notas bancárias*, em português). Nesse estudo, ele prega a restrição na emissão de moeda como medida preventiva para o combate à inflação. Sua teoria foi acolhida por um comitê indicado pela Câmara dos Comuns, destacando seu nome e conferindo-lhe grande popularidade entre os políticos e intelectuais da época. Em 1819, entrou para o parlamento, e, em virtude de sua reputação, suas colocações sobre o livre comércio eram respeitadas, embora ele não representasse o pensamento predominante na Câmara.

Sua obra principal, *Principles of Political Economy and Taxation*, traduzida para o português como *Princípios de economia política e tributação*, foi publicada em 1817. Essa obra apresenta ideias que favorecem a burguesia industrial, gerando polêmica por abandonar a classe ruralista, priorizada politicamente na época.

O autor pioneiro no rigor científico para os estudos econômicos morreu em Gatcomb Park, Gloucestershire, Inglaterra, em 11 de setembro de 1823. Foi um dos maiores economistas de seu tempo, analisando e formulando importantes teorias para o desenvolvimento dos países e da ciência econômica.

Estudo de caso

A lei das vantagens comparativas é aplicável ao turismo?

Vamos usar como exemplo a cidade de Ouro Preto, no Estado de Minas Gerais, famosa pela sua arquitetura colonial. Ela foi a primeira cidade brasileira a ser declarada Patrimônio Histórico e Cultural da Humanidade pela Organização das Nações Unidas (ONU), em 1980, na Comissão para a Educação, a Ciência e a Cultura (Unesco). Convidamos você a entrar no *site* oficial da cidade, em seu portal de turismo, e ver as imagens de suas localidades.

OURO PRETO. Prefeitura Municipal. **Portal do Turismo de Ouro Preto.** Disponível em: <http://www.ouropreto.mg.gov.br/portaldoturismo/index/index.php>. Acesso em: 21 nov. 2012.

Também convidamos você a analisar alguns dados importantes sobre o turismo no seguinte *site*:

BRASIL. Ministério do Turismo. Programa de Regionalização do Turismo. **Índice de competitividade do turismo nacional:** 65 destinos indutores do desenvolvimento turístico regional. Ouro Preto, 2011. Disponível em: <http://www.ouropreto.mg.gov.br/portaldoturismo/upload/arquivos/2012-09-04-74c6d40b13.pdf>. Acesso em: 20 nov. 2013.

O Índice de competitividade do turismo nacional (Brasil, 2011) descreve assim o município: "o destino faz parte da região turística Circuito do Ouro, juntamente com municípios como Mariana e Congonhas". Os principais segmentos turísticos nos quais Ouro Preto é comercializado são o Turismo Cultural, o Ecoturismo e o Turismo de Negócios e Eventos. "Os principais atrativos de Ouro Preto, conforme constatado durante a pesquisa de campo, são o Centro Histórico, considerado Patrimônio da Humanidade pela Unesco, o Museu da Inconfidência, a Igreja de São Francisco de Assis e o Parque do Itacolomi, além de eventos programados, como o Carnaval de Ouro Preto, os festejos da Semana Santa e o Festival de Inverno. Ouro Preto conta com uma oferta de serviços e equipamentos com 75 meios de hospedagem (RAIS), 127 estabelecimentos de alimentação (RAIS) e 30 guias de turismo (CADASTUR)" (Brasil, 2011).

Ao final deste estudo, procure responder: Qual é o principal diferencial apresentado por Ouro Preto para o desenvolvimento do turismo? Quais são as vantagens de que Ouro Preto dispõe, comparado a outros destinos brasileiros?

1.3.4 A lei dos mercados

A lei dos mercados é também conhecida como a *lei ou o princípio de Say*, em referência ao autor Jean-Baptiste Say, que afirmava ser impossível haver procura sem oferta. Para o autor, quanto mais bens uma economia produz, mais produtos estarão disponíveis para consumo, o que, por sua vez, originará uma procura ainda maior por outros bens e serviços. O autor nos esclarece:

É bom observar que um produto acabado oferece sempre, a partir desse instante, um mercado para outros produtos equivalente a todo o montante de seu valor. Com efeito, quando o último produtor acabou seu produto, seu maior desejo é vendê-lo para que o valor desse produto não fique ocioso em suas mãos. Por outro lado, porém, ele tem igual pressa de desfazer-se do dinheiro que sua venda propicia, para que o valor do dinheiro não fique ocioso. Ora não é possível desfazer-se do dinheiro, senão procurando comprar um produto qualquer. Vê-se, portanto, que só o fato da criação de um produto abre, a partir desse mesmo instante, um mercado para outros produtos. (Say, 1983, p. 139)

Dessa forma, verifica-se que, somente pela fabricação de determinado bem, já existe a abertura de mercado para que outros bens sejam disponibilizados ao consumo. Por isso, a lei dos mercados é traduzida como "a oferta cria sua própria procura".

Para Say (1983), sempre há demanda regular a fim de absorver a produção oferecida por uma economia, independentemente do nível dessa produção. Algumas premissas para tal afirmação são consideradas: primeiro, o anseio e a capacidade de comprar estão implícitos no ato da produção dos bens e serviços; segundo, a produção e automaticamente a renda advinda dela sempre é gasta; terceiro, diante da segunda premissa, é possível determinar que toda a produção é solvável.

Solvável: que dispõe de meios para pagar. No caso da premissa de Say, tudo o que é produzido em uma economia possibilita a compra da totalidade de sua produção.

Portanto, os indivíduos irão usar toda a sua renda para comprar produtos. A renda, por sua vez, advém de vendas realizadas, o que significa que, ao existir uma movimentação da atividade produtiva, há a indicação do interesse dos indivíduos em adquirir outros bens e serviços. Nas palavras de Say (1983, p. 137), "é a produção que propicia mercados para os produtos". Em outros termos, para o autor, a própria produção é o determinante da renda dos indivíduos, de tal forma que a renda é originada no ato de produção. Produzir é o mesmo que ter capacidade de comprar, de tal forma que, quando é criado um produto, ele mesmo, por meio do seu valor, permite o acesso a diferentes mercados e diversos outros produtos.

Resumindo, para Say (1983), ao produzir e comercializar um produto, um vendedor torna-se imediatamente um comprador potencial, já que, a partir desse momento, possui renda para gastar. Para comprar bens e serviços, um indivíduo necessita vender. Logo, é a produção que gera o consumo, e um aumento na produção implicará maiores gastos com consumo.

Discutindo a Teoria dos Mercados de Say

Sempre que se discutem os ciclos econômicos na tentativa de se compreender o início de uma recessão, constata-se que a primeira variável a apresentar queda é a produção. Quando uma economia apresenta sinais de recuperação, é a produção que exibe sinais de recuperação e somente após essa retomada produtiva é que se constatam sinais de aquecimento no consumo. O crescimento econômico se inicia com um aumento da produção de bens e serviços e com a criação de novos mercados. Sempre se verifica um aumento de investimentos na produção e somente depois se nota o aumento no consumo, o que vem a fortalecer os princípios defendidos por Jean-Baptiste Say.

No âmbito pessoal, a teoria de Say também funciona. Antes de um aumento do consumo, o indivíduo busca um aumento de renda. Isso pode acontecer por meio de aumento salarial, pela criação de um empreendimento mais rentável ou pela especialização, que implica uma maior chance de mudança para um emprego em que se ganhe mais, para citar apenas alguns exemplos. Não importa. Seria loucura um indivíduo querer aumentar seu padrão de vida apenas mediante o aumento de seus gastos. Isso até poderia funcionar em um curtíssimo espaço de tempo, porém, ao fim desse tempo, as contas iriam vencer e ele simplesmente não teria como liquidá-las.

Jean-Baptiste Say (1767-1832)

Crédito: Achille Devéria

Jean-Baptiste Say foi um economista clássico francês. Nasceu em Lyon, em 1767, e formulou uma lei econômica, a lei de Say, que se manteve como princípio fundamental da economia ortodoxa até a grande depressão (1930). Era filho de um comerciante e trabalhou na firma de um amigo do pai na Inglaterra, onde estudou a obra do fundador da escola clássica, Adam Smith. Say tinha originalmente a intenção de seguir uma carreira de negócios. Trabalhou com seguros e foi editor de uma revista (1794-1799). Depois de ler *The Wealth of Nations* (*A riqueza das nações*, em português), de Adam Smith, passou a seguir carreira na economia política. Defensor da liberdade de produção e de consumo e convicto de que o capitalismo sempre se ajusta às crises, Say criou uma escola própria, a partir da teoria segundo a qual é a utilidade, e não o trabalho, que determina o valor de um bem. O economista inventou a lei dos mercados, conhecida como a *lei de Say*, uma das bases de toda a teoria econômica clássica da produção e que, teoricamente, elimina toda a intervenção governamental na economia. *Traité d'économie politique* (1803) (*Tratado de economia política*, em português) foi seu principal livro e a primeira obra do gênero publicada na França. Apesar do grande sucesso, ela foi proibida por razões políticas e só teve uma nova edição em 1814. Say trabalhou na operação de um moinho de algodão entre 1807 a 1813 e depois se dedicou à vida acadêmica, lecionando desde 1817 até o ano de sua morte, 1832.

1.3.5 A lei da utilidade marginal decrescente

Carl Menger (1840-1921) criou um novo pilar para os estudos econômicos ao defender que a ideia de valor depende de cada indivíduo, sendo, portanto, uma atribuição subjetiva. Menger (1983, p. 287) assegurava que "o valor é por sua própria natureza algo totalmente subjetivo". Esse economista austríaco foi o precursor e um dos mais brilhantes intelectuais de uma escola cuja "teoria exposta aqui deve ser apresentada como a mecânica da utilidade e do interesse individual", conforme expõe Jevons (1983, p. 37), outro importante economista da escola marginalista.

Cada pessoa é vista como responsável pelo emprego dos recursos que estão à sua disposição para atingir fins variados. Porém, o uso desses recursos não é feito de forma aleatória, e sim seguindo uma escala de prioridades individuais. Por isso, Menger (1983, p. 287) afirma:

> *O valor não é algo inerente aos próprios bens, não é uma propriedade dos mesmos e muito menos uma coisa independente, subsistente por si mesma. O valor é um juízo que as pessoas envolvidas em atividades econômicas fazem sobre a importância dos bens de que dispõem para a conservação de sua vida e de seu bem-estar; portanto, só existe na consciência das pessoas em questão.*

Ora, o autor postula que, para alguma coisa ser considerada um bem, ela deve necessariamente vir ao encontro de uma necessidade humana. Além disso, é necessário haver o reconhecimento por parte do homem de que ela irá suprir a necessidade apresentada. Por fim, a coisa deve estar à disposição do homem, de forma que ele a utilize para sua satisfação.

Diante disso, é possível considerar que a utilidade transforma alguma coisa em um bem, e como ela depende de cada indivíduo, já que é este que nomeia sua lista de prioridades, o valor dado a cada coisa é individual, dependendo do que cada qual julga importante. A utilidade não está vinculada às quantidades dos bens de que cada indivíduo dispõe, mas sim às prioridades que cada um elege em relação à gama de bens e serviços disponibilizados no mercado.

É claro que as pessoas priorizam os bens diretamente vinculados à sustentação da vida. No entanto, à medida que vão satisfazendo as funções básicas, esses bens decrescem em importância, dando lugar para outros, que assumem um novo grau de valor. Por isso, quando estamos com sede, por exemplo, um copo de água terá um valor superior aos momentos subsequentes, quando nossa sede já estiver saciada. Há um decréscimo da importância do copo de água: sempre que acrescentamos um copo a mais, sua utilidade – e, acompanhando esta, seu valor – decresce. A esse comportamento dá-se o nome de *lei da utilidade marginal decrescente*.

Vamos analisar esse assunto mais a fundo.

O exemplo utilizado por Menger (1983) para explicar o princípio da utilidade marginal decrescente foi o apresentado a seguir.

Um fazendeiro que possui quatro sacas de cevada pode produzir com elas, sem nenhum custo, vários bens. Para fazer cada bem, ele gastará uma saca de cevada. Diante disso, somente poderá obter quatro tipos de bens. Em uma escolha pessoal, o fazendeiro decide fazer pão com uma das sacas de cevada, refazer o plantio com outra, alimentar seu cavalo com a terceira e com a quarta produzir cerveja. Ele atribui, naturalmente, um grau de utilidade a cada uma dessas escolhas. Digamos que a ordem de prioridades é exatamente a ordem descrita anteriormente: primeiro, o pão para o sustento, depois, o plantio que garante a subsistência, em terceiro lugar, alimentar o cavalo que o auxilia no transporte e, por fim, a produção da cerveja. Então, pode-se afirmar que a primeira saca tem um valor maior que a segunda, já que é com a primeira que ele se alimenta, e assim sucessivamente. Isso implica afirmar que a produção da cerveja tem menor utilidade, ou seja, é a menos urgente na escolha do fazendeiro. Se qualquer imprevisto vier a acontecer, como algum animal selvagem atacar o depósito e devorar uma das sacas de cevada, obviamente o fazendeiro deixará de produzir a cerveja, porque ela não é tão útil para ele. Então, pergunta-se: Qual o valor da quarta saca de cevada? É possível afirmar que ela apresenta o mesmo valor para o fazendeiro que a cerveja, demonstrando, portanto, um valor menor que as primeiras três sacas.

O princípio da utilidade marginal decrescente pressupõe exatamente o que o exemplo citado ilustra: um indivíduo sempre tentará suprir primeiramente suas necessidades mais urgentes, uma quantidade adicional terá um valor decrescente conforme as necessidades forem supridas.

Carl Menger (1840-1921)

Carl Menger nasceu em 28 de fevereiro de 1840, na Galícia, região da Polônia (naquela época, pertencia ao império austro-húngaro). Sua mãe era filha de um comerciante rico e seu pai era advogado. Sua família era muito bem-sucedida. Seus irmãos, Anton e Marx, eram reconhecidos em várias áreas do conhecimento. Menger cursou Direito, área em que se doutorou na Universidade de Krakow. Entretanto, foi na economia que teve seu maior reconhecimento.

Em 1863, na Crocávia, Menger trabalhou como jornalista econômico, observando o contraste entre os fatores que a economia clássica identificara como os mais importantes na determinação dos preços e os fatores que os profissionais experientes do mercado apontavam para a mesma questão. Em 1871, Menger publicou o livro *Princípios da economia política*, mudando a história do pensamento econômico. Seu objetivo era reconstruir a teoria do preço. Em 1876, ganhou uma nomeação como um dos tutores do Príncipe Rudolph von Hapsburg, com quem percorreu toda a Europa. Menger desenvolveu uma teoria subjetiva do valor, a teoria da utilidade marginal, ligando-a à satisfação dos desejos humanos. Menger deu origem à chamada *escola austríaca de pensamento econômico*, que muito se beneficiou das contribuições de seus principais seguidores, designadamente Friedrich von Wieser e Eugen von Böhm-Bawerk, que consolidaram e alargaram muitas de suas ideias. Carl Menger faleceu em 1921, aos 81 anos.

1.3.6 A teoria do valor

A ideia básica da teoria do valor é que as coisas não detêm valor próprio, sendo os indivíduos responsáveis por dar valor a elas diante de suas necessidades, que estão ligadas à utilidade das coisas. "O problema é que, na atribuição de uma utilidade a certa mercadoria, entram em jogo aspirações, desejos, satisfações que variam de consumidor para consumidor" (Oliveira; Gennari, 2009, p. 158). Diante de tamanha pessoalidade, seria impossível comparar a utilidade das coisas e, portanto, valorizar os produtos? Para Marshall (1842-1924), não. De acordo com o economista inglês, é possível comparar os preços que os indivíduos estão propensos a pagar pelos bens e serviços e, assim, medir a utilidade destes. Marshall (1982) afirma, então, que o preço pode ser considerado uma medida da utilidade.

Questão para reflexão
Uma viagem turística tem utilidade? Se sim, qual é ela?

Alfred Marshall (1842-1924)

Crédito: Wiley

Alfred Marshall, economista, nasceu na cidade de Londres em 1842 e faleceu em sua casa, em 13 de julho de 1924, aos 81 anos de idade. Estudou filosofia, matemática e ciências econômicas, tornando-se famoso por suas teorias sobre a determinação de preços a partir da lei de oferta e procura. Foi considerado o chefe da chamada *escola neoclássica de Cambridge*, sendo professor de Economia Política na Universidade de Cambridge por 23 anos. Publicou vários livros, entre eles *Industry and Trade* (*Indústria e comércio*, em português), em 1919, e *Money, Credit, and Commerce* (*Moeda, crédito e comércio*, em português), em 1923. Entre 1890 e 1907, publicou sua obra principal, *Princípios de economia*, que por muitos anos foi o principal livro didático nas escolas do mundo todo. No primeiro volume da obra, o autor abordou conceitos clássicos de economia, riqueza, produção, trabalho, capital ou valores mobiliários com a contribuição marginal da escola. No segundo volume, expôs o funcionamento dos mercados e fez uma análise da oferta e da procura, esboçando considerações sobre a teoria do equilíbrio geral, a formação da oferta, a incidência de monopólios e a distribuição de renda. Marshall utilizou os métodos de análise dos marginalistas para uma espécie de renovação da escola clássica, tentando conciliar três teorias de valores: a da oferta e da procura, a da utilidade marginal e a dos custos de produção. A teoria marginalista, formulada em 1870, defende que o valor de troca de um produto não depende da quantidade de trabalho incorporado, mas da utilidade da sua última unidade disponível, necessariamente menor em função da lei da utilidade marginal decrescente. Essas teses foram simultaneamente defendidas por Walras e Pareto (escola de Lausana), Menger, Wieser, Bohm e Bawerk (antiga escola de Viena ou escola psicológica) e por Hayek, Morgenstern e Schumpeter (nova escola de Viena ou neomarginalista).

Síntese

Este primeiro capítulo buscou mostrar a você a importância da economia no contexto atual, de modo que possamos, com o desenvolvimento dos próximos capítulos, aproximarmo-nos de questões mais pertinentes ao turismo com maior clareza e profundidade.

Apresentamos uma breve história do pensamento econômico, tratando de sua evolução a partir das sociedades comunais primitivas, passando pela sociedade feudal e analisando os pensamentos mercantilista, fisiocrata e clássico.

Em seguida, tratamos das diversas teorias que mantêm sua importância, sua aplicabilidade e sua influência nos dias atuais, como a **teoria da mão invisível**, a **teoria da população**, a **lei da vantagem comparativa**, a **lei dos mercados**, a **lei da utilidade marginal decrescente** e a **teoria do valor**.

Questões para revisão

1. A atividade econômica é dividida em três setores, conforme os tipos de bens, serviços e processos produtivos utilizados. Leia as afirmativas a seguir, e, na sequência, escolha a alternativa que corresponde à verdadeira:

   I. O setor primário é aquele que tem seu conjunto de atividades relacionado com a aquisição de produtos vindos da agricultura, da mineração, da pesca e da pecuária.

   II. O setor secundário é aquele que tem relação com os bens que sofrem uma transformação. Aqui estão situadas todas as empresas industriais ou de transformações de bens.

III. O setor terciário é aquele formado pelo conjunto de atividades econômicas ligadas à prestação de serviços.

IV. O turismo pertence ao setor secundário ou setor de transformação.

a) Todas as alternativas estão corretas.
b) Somente as alternativas I, II e III estão corretas.
c) Todas as alternativas estão incorretas.
d) Somente as alternativas II e IV estão corretas.

2. Relacione a primeira coluna com a segunda, considerando a correspondência entre as características específicas de cada item elencado:

1. Sociedade comunal primitiva ( ) Ênfase na acumulação de metais, mais especificamente ouro e prata.
2. Sociedade feudal ( ) Relação de trabalho baseada na subordinação do servo ao senhor.
3. Mercantilismo ( ) Ênfase na lei natural e na não interferência governamental.
4. Fisiocracismo ( ) Ausência de propriedade privada.

3. O livro *A riqueza das nações* (1776), de Adam Smith (1723-1790), apresenta inegável influência sobre as teorias econômicas posteriores. Destaque as principais ideias desse autor.

4. Relacione corretamente o autor e a teoria correspondente a seguir.

1. Alfred Marshall ( ) Teoria do valor
2. Carl Menger ( ) Teoria da mão invisível
3. Jean-Baptiste Say ( ) Lei das vantagens comparativas
4. David Ricardo ( ) Lei dos mercados
5. Adam Smith ( ) Lei da utilidade marginal decrescente

5. A lei das vantagens comparativas de David Ricardo considera que, quando uma região ou país oferece vantagem na produção de determinado bem em relação a outra região ou país, esse território deve priorizar a produção desse bem e adquirir do outro o bem que produz com menos eficiência. O autor faz seus estudos relativos à produção de bens e serviços. Em relação ao turismo, como você aplicaria a lei das vantagens comparativas em um município que tenha a possibilidade de desenvolver a atividade turística?

2 fundamentos da microeconomia do turismo

conteúdos do capítulo:

> O funcionamento do mercado turístico.
> O produto turístico e suas principais características.
> Os determinantes da oferta turística.
> Os determinantes da demanda turística.
> A segmentação de mercado.

após o estudo deste capítulo, você será capaz de:

1. entender como funciona o mercado turístico;
2. identificar quais são os principais agentes econômicos desse mercado;
3. reconhecer as características da oferta turística;
4. conceituar *demanda turística*;
5. distinguir os determinantes da oferta e da demanda turística;
6. definir o que é a segmentação de mercado para o turismo.

A microeconomia estuda a interação entre empresas e consumidores. Neste capítulo, vamos abordar os fundamentos da microeconomia focados no turismo. Por essa razão, trataremos de temas relativos ao funcionamento do mercado turístico, destacando os agentes envolvidos nesse mercado, as principais características do produto ofertado e os fatores determinantes dessa oferta. Também analisaremos a demanda turística, explorando os elementos que determinam a escolha do consumidor. Na última parte deste capítulo, a segmentação de mercado será apresentada como forma de melhor potencializar e atender o mercado turístico.

2.1 O funcionamento do mercado turístico

O mercado turístico é caracterizado por uma estrutura que conta com algumas características que a distinguem e outras que a aproximam dos demais mercados. Os princípios e as leis que regem esse mercado são bastante comuns, podendo ser analisados com base nos estudos de oferta, demanda e comportamento do produtor e do consumidor. É importante, porém, considerar as especificidades que envolvem esse mercado. Acompanhe os conceitos e as discussões a seguir a fim de que você identifique e entenda as questões centrais para o desenvolvimento da atividade turística.

2.1.1 Os agentes envolvidos no mercado turístico

O mercado turístico tem quatro grupos que demonstram interesse no desenvolvimento das atividades características desse mercado. Identificar e entender esses grupos permite-nos conjugar as expectativas, os objetivos e os esforços no sentido de dinamizar as atividades, visando evoluir em um mercado com expectativas de ampliação e de desenvolvimento. Os grupos que apresentam ligação direta com o mercado turístico são os turistas, as empresas turísticas, o governo e a comunidade de destino do turista.

› **Turistas:** são os consumidores dos produtos turísticos, também denominados de *viajantes, passageiros* ou *excursionistas*. São eles que procuram satisfazer suas necessidades, mediante a aquisição de bens e serviços do mercado turístico. Como acontece com os demais bens e serviços disponíveis no mercado, esses consumidores buscam obter satisfação com os produtos ou serviços turísticos adquiridos, despendendo o menor esforço ou o menor custo possível.

› **Empresas turísticas:** são as organizações que entendem o turismo como uma oportunidade para obtenção de lucro mediante a troca de diversos tipos de bens e serviços pelo maior valor agregado no mercado. Como qualquer outra empresa pertencente aos demais setores econômicos, elas buscam uma eficiência produtiva, ou seja, a maximização dos ganhos com a utilização mínima dos fatores produtivos disponíveis. Diante de outras atividades econômicas disponíveis, as empresas também analisam em quais setores o emprego de capital apresenta o maior retorno sobre o investimento, e, caso o setor turístico não apresente rentabilidade competitiva, a tendência é que elas migrem para outros setores. Apenas para citar alguns exemplos de empresas turísticas, temos as relacionadas com os meios de hospedagem, como hotéis, pousadas e *campings*; as relacionadas aos serviços de alimentação, como restaurantes, lanchonetes, confeitarias e cervejarias; as relacionadas ao entretenimento, como parques, clubes, praças, boates, casas de espetáculos e teatros; as relacionadas aos serviços turísticos, como transportadoras turísticas, postos de informações turísticas, operadoras e agências de viagens, locadoras de veículos, lojas de artesanatos e *souvenirs*, casas de câmbio e bancos, locais de convenções e exposições (Lage; Milone, 2001, p. 73-74).

> **Governo**: para o governo, a importância da atividade turística assume um papel econômico, pois está relacionada à geração de emprego, ao aumento das divisas do país, à redistribuição de riquezas e ao aumento da arrecadação de impostos. Portanto, para investir em infraestrutura e assim fornecer suporte ao desenvolvimento dessa atividade em determinado local, o governo tende a analisar qual retorno o investimento público obterá. Aqui fica clara a fronteira de possibilidades de investimento do governo, a qual assegura que, se o governo investir uma soma em um determinado setor, ele não terá essa soma para investir em outro. Como os recursos públicos são limitados, a atividade turística deve apresentar retornos que justifiquem os investimentos necessários ao seu desenvolvimento.

> **Comunidade receptora**: são os moradores pertencentes aos locais onde a atividade turística é desenvolvida. Para essa comunidade, o turismo representa a possibilidade de desenvolvimento econômico e cultural. O desenvolvimento econômico vem da probabilidade de ofertas de emprego, do aumento de consumo e, consequentemente, do aumento de renda na comunidade. O desenvolvimento cultural ocorre pela inter-relação entre os residentes e os visitantes, a qual amplia o horizonte cultural local; pela valorização

dada aos costumes locais por parte dos turistas; ou pela ampliação de conhecimentos, resultado do contato com diferentes culturas.

2.1.2 O produto ofertado

Dentre as especificidades do turismo, encontramos o próprio produto turístico, componente principal da oferta. Conforme Beni (2008, p. 177), ele pode ser definido como "o conjunto de equipamentos, bens e serviços de alojamento, de alimentação, de recreação e lazer, de caráter artístico, cultural, social ou de outros tipos, capaz de atrair e assentar numa determinada região, durante um período determinado de tempo, um público visitante".

Esse conjunto formador da oferta turística, chamado de *recursos turísticos*, pode ser apresentado em três categorias principais: **atrativos turísticos, equipamentos e serviços turísticos e infraestrutura de apoio ao turismo.**

A classificação do Instituto Brasileiro de Turismo – Embratur (Brasil, 2011) apresenta as particularidades das três categorias:

Para saber mais

Para saber mais sobre a oferta turística, entre no seguinte *site*: BRASIL. Ministério do Turismo. **Inventário da oferta turística.** 2011. Disponível em: <http://www.inventario.turismo.gov.br/invtur/downloads/formularios/inventariacao_da_oferta_turistica.pdf>. Acesso em: 21 nov. 2013.

> **Atrativos turísticos:** são todos os bens materiais e imateriais que motivam o fluxo de pessoas. Entre os atrativos turísticos, estão os que apresentamos na sequência:

Quadro 2.1 – Atrativos turísticos

a) Recursos naturais	
Montanhas	Serras Montes/morros/colinas Picos Outros
Planaltos e planícies	Vales/rochedos Chapadas/tabuleiros Pedras/tabulares Patamares
Costas ou litorais	Sacos Restingas Falésias/barreiras Praias Cabos/pontas Mangues Dunas Baías/enseadas Outros
Terras insulares	Recifes/atóis Ilhas Arquipélagos
Hidrografia	Quedas d'água Rios Praias fluviais/lacustres Lagos/lagoas
Pântanos	Grutas/cavernas/furnas Fontes hidrominerais e/ou termais Áreas de caça e pesca Parques e reservas de flora e fauna

(continua)

(Quadro 2.1 – conclusão)

b) Recursos histórico-culturais

Arquitetura	Arquitetura industrial/religiosa Arquitetura civil Arquitetura militar Arquitetura religiosa/funerária
Monumentos	Pinturas Ruínas Esculturas
Sítios	Sítios científicos Sítios históricos
Instituições e estabelecimentos de pesquisa e lazer	Arquivos Museus Institutos históricos e geográficos
Manifestações, usos e tradições Populares	Gastronomia típica Festas/comemorações/atividades religiosas Feiras e mercados Festas/comemorações populares e folclóricas Festas/comemorações cívicas

c) Realizações técnicas e científicas contemporâneas

Realizações técnicas e científicas contemporâneas	Planetários Exploração industrial Usinas/barras/eclusas Jardins botânicos/hortos Exploração agrícola/pastoril Assentamento urbano e paisagístico Exploração de minérios Zoológicos/aquários/viveiros Outros

d) Acontecimentos programados

Acontecimentos programados	Realizações artísticas/culturais Mostras gastronômicas/de produtos Congressos e convenções Realizações desportivas Feiras e exposições Realizações sociais/assistenciais Outros

Fonte: Adaptado de BNB, 1999.

Vamos pensar a relação entre os recursos e o turismo!

Os recursos dividem-se em *livres* e *escassos*. Os livres são aqueles que existem em tanta abundância que não há a necessidade de controle para seu consumo. Essa classificação engloba, por exemplo, o clima, o folclore e a cultura. Os escassos, por sua vez, são aqueles que apresentam uma oferta limitada em razão de sua demanda efetiva ou potencial. A fauna e a flora são exemplos de recursos escassos.

Para o turismo, os conceitos de recursos livres e escassos apresentam algumas especificidades.

Vejamos: o clima, apesar de ser um recurso livre, é bastante valorizado em alguns segmentos específicos do turismo, como no caso do turismo de saúde. Essa valorização vai se refletir na valorização do recurso. Portanto, um hotel localizado em um ponto onde as características climáticas são adequadas ao turismo de saúde poderá se favorecer disso. Também é possível verificar uma valorização no preço de terrenos situados em montanhas, onde existem fluxos turísticos em busca de neve para a prática de esportes de inverno. Certos recursos considerados livres, como é o caso dos culturais, dependendo de sua importância histórica, de sua antiguidade e de seu estado de conservação, podem cobrar ingressos dos turistas.

> **Demanda efetiva:** é a procura por bens e serviços de um número determinado de consumidores que de fato realizam a compra desses bens e serviços.
> **Demanda potencial:** é a possibilidade de compra apresentada por um número determinado de consumidores diante de

um produto ou serviço oferecido. Não há, porém, a efetivação da compra dos produtos ou bens oferecidos por parte de todos esses consumidores.

> **Equipamentos e serviços turísticos**: São todas as instalações de superfície e serviços indispensáveis para o desenvolvimento e o atendimento do fluxo de turistas, e que apresentam neles a maior parte de suas receitas.

Quadro 2.2 – Equipamentos e serviços turísticos

Meios de hospedagem	Campings Imóveis de aluguel Motéis Pensões Cruzeiros marítimos Acantonamentos Hotéis Pousadas *Lodges* *Hostel* Colônias de férias *Bed & Breakfeast* Pensionatos *Flats* Hospedarias
Alimentação	Cervejarias Sorveterias/docerias Quiosques de praias Restaurantes/lanchonetes Cafés/casas de suco/casas de chá
Agenciamentos	Agências de turismo
Transportes turísticos	Ferroviário/aquático/ aéreo/rodoviário

(continua)

(Quadro 2.2 – continuação)

Locação de veículos e equipamentos	Embarcações Carro Bicicletas Motos Equipamentos esportivos Fornecedores de produtos e serviços para eventos Empresas organizadoras de eventos
Espaços de eventos	Centros de feiras Áreas de eventos culturais Centros de convenções Bufês Áreas de exposições e de rodeios
Entretenimentos	Marinas Boliches Bilhares Autódromos/kartódromos Campos de golfe Bares/boates/danceterias Cinemas/teatros Pistas de patinação Mirantes/belvederes Terminais de turismo social Hipódromos/velódromos Parque de diversões/aquático/temático Casas de espetáculo Clubes/estádios/ginásios
Informação turística	Informações turísticas Guias/mapas Jornais e revistas especializadas Postos de informações/centros de informações turísticas Centrais de informações turísticas
Passeios	Barco Cavalo Helicóptero Avião Trem

(Quadro 2.2 – conclusão)

Comércio turístico	Artesanato *Souvenirs* Produtos típicos Joalherias

Fonte: Adaptado de Ignarra, citado por Pinho, 2013.

> **Infraestrutura de apoio turístico:** é constituída de todas as edificações e instalações que permitem o desenvolvimento da atividade turística.

Quadro 2.3 – Infraestrutura de apoio turístico

Transportes	Trem Ônibus Metrô Bonde Táxi Transporte aquático
Serviços de saúde	Teleférico Clínicas Farmácias Maternidades Hospitais Prontos-socorros
Serviços bancários	Caixas eletrônicos Agências bancárias Serviços de câmbio
Serviços de segurança	Serviços de salva-vidas Corpo de bombeiros Delegacias de apoio ao turista
Serviços de comunicação	Rádio e televisão Postos telefônicos Disponibilidade de fax e internet Cabines telefônicas
Serviços de apoio a automobilistas	Borracheiros Postos de abastecimento Lojas de autopeças Oficinas mecânicas

Fonte: Adaptado de Ignarra, citado por Pinho, 2013.

> Outros.

Quadro 2.4 – Outros produtos e serviços de apoio turístico

Acessos	Fluviovias Rodovias Terminais de passageiros aéreos, rodoviários, ferroviários, marítimos e fluviais Ferrovias
Saneamento	Coleta e tratamento de água Captação, tratamento e distribuição de água Coleta, tratamento e despejo de esgotos
Energia	Produção e distribuição de energia
Comunicações	Antenas de captação de rádio e televisão, serviços de correios, agências telegráficas, postos telefônicos
Vias urbanas de circulação	Implantação, conservação, sinalização
Abastecimento de gás	Distribuição
Controle de poluição. Capacitação de recursos humanos	Ar, água, som Formação e aperfeiçoamento de mão de obra

Fonte: Adaptado de Ignarra, citado por Pinho, 2013.

Diante de todas as informações discutidas até agora, é possível encontrar uma resposta adequada para a seguinte pergunta: O que se entende por produto turístico?

O **produto turístico** pode ser definido como um conjunto de bens e serviços pautados nas diversas atividades ligadas direta ou indiretamente ao turismo. É um produto composto, destacando-se elementos essenciais que permitem seu desempenho no mercado, como as atrações, as facilidades e a acessibilidade. Em comum com os outros bens e serviços, ele se apresenta de forma limitada na natureza e necessita de adaptações para o uso, constituindo-se, portanto, como riqueza, porque conta com utilidades que vêm ao encontro das necessidades humanas.

As **atrações** são os elementos que definem a escolha do turista por um local específico, sendo responsáveis por gerar o fluxo de pessoas para determinado local. São diversos os exemplos de atrações: o Cristo Redentor, no Rio de Janeiro; as Cataratas, em Foz do Iguaçu; a fauna e a flora na Amazônia ou no Pantanal.

As **facilidades** são os meios que permitem aos turistas interagir com as atrações; não geram necessariamente o fluxo, mas, sem elas, seria impossível a existência do mercado turístico. Os restaurantes, as acomodações e os serviços hospitalares são exemplos de facilidades.

A **acessibilidade** corresponde aos meios que permitem aos turistas realizar a integração com o local desejado. Nesse caso, estamos nos referindo aos aeroportos, às estradas, às pontes, ao transporte fluvial etc.

Entende-se que o produto turístico envolve, como já mencionamos, a composição de elementos essenciais para a sua existência, a saber: as atrações, as facilidades e a acessibilidade. Importante entender que esses elementos se complementam, ou seja, são interdependentes. Assim, por exemplo, ao optar por conhecer o pantanal mato-grossense, o turista irá buscar os serviços de transportes e, com certeza, necessitará de alojamento, além de locais para alimentação, entre outras necessidades.

2.1.3 As características da oferta turística

Algumas características do produto e dos serviços turísticos merecem atenção especial, já que elas os diferenciam de outros produtos ou serviços. Entre essas características da oferta turística estão a **intangibilidade**, a **imobilidade**, a **heterogeneidade**, a **impossibilidade de estocagem** e a **inseparabilidade**. Veremos agora o que significa cada uma dessas características e qual a sua implicação no mercado.

A **intangibilidade** é uma característica bem específica do produto turístico. Normalmente esse produto não pode ser pesado, medido ou tocado, de forma que sua existência acontece simultaneamente à sua produção. Vejamos um exemplo: quando um turista se dirige a uma agência de turismo a fim de comprar uma viagem para o Pantanal, ele está comprando um produto que somente se concretizará quando ele viajar. Veja que, para o consumidor, o risco de aquisição é maior, já que o contato com o produto somente ocorrerá no transcorrer do consumo. Logo, esse mercado exige um elo de confiança entre comprador e vendedor. Outro dado implícito nessa característica é a escolha do produto basear--se numa representação, ou seja, durante a realização da viagem, o cliente possui uma construção mental daquele produto, a qual às vezes não corresponde completamente à realidade. Daí a importância de uma rede de distribuição eficaz, que ofereça um serviço de auxílio durante a venda, de modo a prestar informações e deixar claro todas as nuances envolvidas naquela escolha.

A **impossibilidade de estocagem** significa que a maioria dos produtos turísticos não pode ser armazenada. Por exemplo: imagine que um hotel dispõe de 40 leitos. Quando um desses leitos não é preenchido, ele não está disponível de forma acumulativa na próxima noite. Assim, na noite posterior, tem-se novamente 40 leitos disponíveis, e não 41. Isso é completamente diferente de uma loja de eletrodomésticos que, mesmo se não vender uma geladeira em determinado dia, pode oferecê-la no dia seguinte, cumulativamente às outras que existem no estoque.

Essa característica resulta, para o produtor turístico, em uma dificuldade maior no ajuste da oferta e da procura, principalmente quando há forte sazonalidade na oferta, o que fragmenta acentuadamente a procura. Uma procura fragmentada também gera dificuldades na definição dos preços e, em geral, para diminuir essa fragmentação, há uma maior necessidade de investimentos em promoção de vendas.

Sazonalidade: determinados fluxos, eventos ou acontecimentos que variam em certos períodos de tempo, numa determinada localidade ou destino turístico.

A **imobilidade** refere-se ao deslocamento obrigatório do turista até os produtos turísticos adquiridos, já que estes não podem sofrer deslocamentos, ou seja, não acompanham o consumidor. Por exemplo: é o turista quem deve se deslocar até as praias de Santa Catarina quando tiver a intenção de usufruí-las. Diante disso, para que exista o encontro da oferta e da procura, além dos recursos que devem atrair fortemente os fluxos de turistas, fazem-se necessários aparatos que permitam ao visitante permanecer durante o tempo que desejar no local escolhido.

A **inseparabilidade** é a característica que diz respeito à produção dos bens e serviços turísticos. Essa produção ocorre concomitante ao consumo. Enquanto o turista, por exemplo, conhece um museu, ele está consumindo tanto o produto quanto o serviço durante a visita, o que é diferente de quando você manda fazer o conserto de um computador. Nesse caso, você deixa o computador na assistência técnica e volta em outro momento para buscar o produto consertado. Veja que a inseparabilidade exige um envolvimento bem acentuado entre vendedor e cliente, o qual afeta fortemente a qualidade do serviço. Daí a necessidade de uma formação adequada de todo o pessoal prestador de serviços turísticos. Por fim, a **heterogeneidade** diz respeito ao fato de não haver um padrão rígido na oferta turística, exatamente em função das características anteriores. Essa falta de unidade cria dificuldades no mercado quanto à definição de critérios que permitam uma correta avaliação da qualidade do produto. Também existem problemas para a identificação do grau de satisfação do cliente, justamente por essa falta de critério. Diante disso, o envolvimento e o treinamento do pessoal destinado à oferta dos produtos e serviços são um ponto primordial para acentuar os diferenciais positivos do que é oferecido.

2.1.4 Os determinantes da oferta turística

Para Lage e Milone (2001, p. 72), "a oferta turística pode ser definida como a quantidade de bens e serviços turísticos que as empresas são capazes de oferecer a dado preço, em determinado período de tempo". Em primeiro lugar, a quantidade de produtos ou serviços ofertados está diretamente ligada ao preço dos próprios bens e serviços oferecidos. Portanto, quanto maior for o preço de um bem ou serviço, aceitando-se a hipótese *coeteris paribus,* maior o interesse que os produtores têm em oferecê-lo. Tomemos como exemplo o proprietário de uma pousada. Se ele puder aumentar o preço de sua diária, enquanto os outros produtos e serviços disponíveis no mercado não sofrerem alteração de preço, maior seu interesse em expandir o negócio – por exemplo, ampliando o número de quartos ou abrindo uma filial. Dessa forma, a oferta de um bem ou serviço está relacionada com o seu preço, originando uma curva de oferta, conforme o gráfico a seguir.

Coeteris paribus: essa expressão significa literalmente "conservadas inalteradas todas as outras coisas". Ela pode ser traduzida como "todo o mais é constante", sendo utilizada para lembrar que todas as variáveis, que não aquela analisada, são conservadas constantes.

Gráfico 2.1 – Curva de oferta

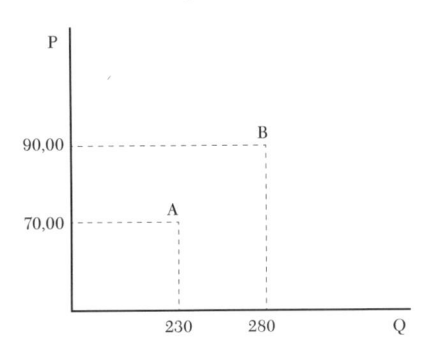

Em que: P = preço e Q = quantidade

Veja que, segundo a figura, se o preço for menor (70,00), a quantidade ofertada será menor (230). Quando houver um deslocamento de preço para cima (de 70,00 para 90,00), haverá maior oferta de produtos, ou seja, existirá um deslocamento para maiores quantidades (de 230 para 280).

Um segundo fator determinante para a oferta de bens e serviços são os preços dos fatores de produção. Obviamente, esse fator está ligado à tecnologia empregada. Isso porque os determinantes dos custos de produção são os fatores de produção aliados à tecnologia empregada. Uma alteração em um desses fatores acarretará alterações no preço do bem ou serviço final.

Fatores de produção: são os insumos usados para a produção de um bem ou serviço final. Comumente, os fatores de produção são classificados em categorias amplas, como recursos naturais, trabalho e capital.

No turismo, especificamente, a mão de obra é muito importante, pois, além de sua larga utilização, há uma interdependência entre ela e a qualidade do produto ou serviço final. O aumento acentuado no salário da mão de obra irá implicar o aumento proporcional do preço do produto ou serviço turístico oferecido, diferentemente de outras empresas, nas quais o uso da tecnologia é utilizado de modo abundante. Nessas empresas, um aumento de salários irá impactar em menor grau o preço do produto final, já que elas utilizam em maior escala máquinas e equipamentos, em vez de pessoas, para a sua produção.

Uma mudança na tecnologia da produção de um bem ou serviço também será determinante para sua oferta. Os benefícios da tecnologia certamente diminuem os seus custos. Nesse caso, os bens cujos custos são menores apresentarão maior lucratividade ante os outros que não empregam aquela tecnologia. E, obviamente, o interesse do produtor é sempre ofertar produtos e serviços onde a lucratividade mostra-se mais atraente.

Em terceiro lugar, a oferta de um bem ou serviço poderá sofrer alterações diante das mudanças de preços apresentadas por outros bens e serviços da economia. Assim, se os outros bens e serviços subirem e aquele bem ou serviço que o produtor oferece não puder ter seu preço alterado sua produção se torna menos interessante que a dos outros que estão sofrendo a modificação. A tendência é que o produtor se sinta atraído a alterar a oferta do seu produto ou serviço por aqueles cujos preços estão subindo.

As perspectivas do produtor sobre os preços futuros também irão influenciar a oferta dos bens e serviços no mercado. Nesse caso, um produto ou serviço poderá estar sofrendo um impacto momentâneo, o que pressiona seu preço para baixo. Logicamente, sua oferta, nesse momento, não é atraente, porém, se o produtor possuir informações que lhe garantam uma perspectiva futura de aumento de preços, ele manterá a produção daquele bem ou serviço diante dessa expectativa de ganhos.

A quantidade de produtores concorrentes também influenciará na sua oferta. É possível afirmar que, quanto maior o número de concorrentes na oferta de bens e serviços, menor a possibilidade de repassar preços aos compradores. Por outro lado, quanto mais restrito o número de concorrentes em um mercado de bens e serviços, maior a possibilidade de aumento dos preços dos bens e serviços.

Questão para reflexão

Um cliente busca em uma agência de viagens um pacote de sete dias para conhecer o Nordeste brasileiro. A agência tem a possibilidade de oferecer ao seu cliente dois pacotes que atendem aos seus anseios. Vamos denominá-los *pacote A* e *pacote B*. Ambos têm características que vêm ao encontro das pretensões do cliente e estão dentro do que ele está disposto a pagar. A venda do pacote A implica um ganho de 8% de comissão para a agência, enquanto o pacote B repassa uma comissão de 7% no final da venda. Portanto, a agência vende preferencialmente o pacote A. Por que você acha que ocorre essa escolha da agência por esse pacote? Que ligação tem essa escolha com os fatores determinantes da oferta de produtos e serviços que estamos estudando?

Por fim, algumas decisões do governo influenciarão a oferta de bens e serviços. Por exemplo: a isenção de impostos ou o aumento dos subsídios para a produção de alguns bens e serviços incentivarão a sua oferta.

Subsídios: auxílios dados pelo governo para a produção de alguns produtos, com a finalidade de manter seus preços acessíveis ou competitivos no mercado internacional.

O conjunto de todos os determinantes da oferta turística define a quantidade de um bem ou serviço que os produtores pretendem vender em determinado período de tempo. A discussão sobre a oferta de bens e serviços deverá levar em conta tais determinantes, porque o seu entendimento permite uma análise mais assertiva sobre tendências e especificidades do mercado.

Para saber mais

Para saber mais sobre oferta de bens e serviços turísticos, leia *A oferta dos produtos turísticos*, da página 21 à 49, da publicação do Ministério do Turismo "Segmentação do Turismo e o Mercado".

BRASIL. Ministério do Turismo. Secretaria Nacional de Políticas de Turismo. **Segmentação do turismo e o mercado**. Brasília. 2010. Disponível em: <http://www.turismo.gov.br/export/sites/default/turismo/o_ministerio/publicacoes/downloads_publicacoes/Segmentaxo_do_Mercado_Versxo_Final_IMPRESSxO_.pdf>. Acesso em: 21 nov. 2013.

Estudo de caso

Estratégia da oferta turística: a Matriz de Ansoff aplicada ao mercado turístico

Harry Igor Ansoff apresentou um modelo pioneiro em 1965, no qual classificou quatro modos de competitividade empresarial: penetração no mercado, desenvolvimento de mercado, desenvolvimento de produto e diversificação. Veja essa matriz no quadro a seguir.

Quadro 1 – Matriz de Ansoff

Missão \ Produto	Atual	Novo
Atual	Penetração no mercado	Desenvolvimento de produtos
Nova	Desenvolvimento de mercado	Diversificação

Fonte: Ansoff, 1977, p. 92.

A estratégia de *penetração no mercado*, segundo Maximiano (2006), é aquela que explora produtos tradicionais em um mercado tradicional. Nessa estratégia, a empresa busca crescer com o aumento de sua participação em mercados nos quais sua linha de produtos e serviços já está presente.

Na estratégia de *desenvolvimento de mercado*, Ansoff mostra que uma empresa está buscando um mercado novo, mas conservando o mesmo produto ou serviço. É o desenvolvimento de mercado novo com um produto tradicional.

Na estratégia de *desenvolvimento de produtos*, a empresa cria novos produtos a fim de explorar um mercado tradicional. Para Maximiano (2006), essa estratégia visa explorar mercados tradicionais com produtos novos.

Explorar novos produtos e novos mercados é a estratégia da *diversificação*, que possibilita um posicionamento tanto agressivo quanto defensivo. O posicionamento agressivo exige que a empresa utilize uma competência em que ela se destaque; já no posicionamento defensivo, o novo produto fornece alguma potencialidade de que a empresa necessita.

Vamos aplicar essas estratégias para o desenvolvimento da atividade turística.

Quando uma localidade deseja aumentar o fluxo de turistas, ela fará uma combinação da oferta e da demanda, a qual pode se configurar das seguintes formas:

a) Um produto atual para um segmento de demanda atual. A ideia é aumentar o consumo do produto existente em determinado local por um público que já o conhece. Nesse caso, a localidade ofertante também já demonstra familiaridade com o público. Por exemplo: aumentar o número de visitantes em uma cidade histórica atraindo maior número de visitantes que moram no próprio Estado ao qual pertence a cidade. Essa estratégia corresponde à *penetração de mercado* de Ansoff. Estou oferecendo um **produto tradicional** para um **público tradicional**.

b) Um produto atual para visitantes que anteriormente não viajavam para esse destino, ou seja, atrair um novo segmento de demanda. Por exemplo: atrair visitantes oriundos de outros estados para conhecer uma cidade histórica do meu estado. Essa estratégia corresponde ao *desenvolvimento de mercado* de Ansoff. Estou oferecendo um **produto tradicional** para um **público novo**.

c) Um produto novo para um público já existente. Nesse caso, já existe o fluxo turístico e é oferecido um novo produto para esse mesmo público. Por exemplo: a cidade histórica, que já tem o fluxo turístico, oferece uma nova atração, como um produto ligado ao turismo de aventura, fazendo com que os turistas encontrem outra opção de lazer, evitando que a busquem em outra localidade. Essa estratégia corresponde ao *desenvolvimento de produto* de Ansoff. Oferece-se um **produto novo** a um **público tradicional**.

d) Um produto novo para um novo público. Nesse caso, atrair para determinado município um público diferente daquele já conhecido, por meio da oferta de um produto que tradicionalmente não era oferecido. Por exemplo: A cidade histórica oferece um produto ligado ao turismo de aventura para um público que não fazia parte do seu fluxo de visitantes. Essa estratégia corresponde à *diversificação* de Ansoff. Busca-se um **público novo** oferecendo um **produto novo**, como forma de diversificar o público.

Diante dessas estratégias, procure identificar e discutir quais as implicações envolvidas em cada uma delas, os custos envolvidos para a sua aplicação e os cuidados que deverão ser tomados para a sua implementação.

2.1.5 A demanda turística e a escolha do consumidor

A *demanda turística*, segundo Lage e Milone (2001, p. 56), "pode ser definida como a quantidade de bens e serviços turísticos que os indivíduos desejam e são capazes de consumir a dado preço, em determinado período de tempo". É importante, ao discutirmos a demanda, seja ela de bens e serviços turísticos, seja de outros produtos disponíveis no mercado, entendermos alguns princípios fundamentais que direcionam o comportamento do consumidor.

Inicialmente, é importante considerar que a limitação de renda implica uma escolha. Com uma verba escassa, o consumidor terá de escolher entre uma gama de produtos e serviços disponíveis no mercado, já que não pode comprar tudo o que deseja. Para manter o equilíbrio em seu orçamento, quanto mais quantidade de determinado bem ou serviço o indivíduo adquire, menos recursos ele terá para adquirir outros. Isso pode ser definido como o *custo de aquisição* de algo. Dessa forma, o custo de alguma coisa é exatamente aquilo a que eu renuncio para poder obtê-la.

Ao decidir sobre a compra de certo bem ou serviço, desistindo da aquisição de outros produtos, dizemos que "as pessoas enfrentam *tradeoffs*" (Mankiw, 2010, p. 4). Em economia, essa expressão significa que as pessoas têm de arcar com escolhas conflitantes. Sempre que escolhemos um bem ou serviço, estamos abrindo mão de outro.

Outra importante consideração sobre o comportamento do consumidor é a certeza de que, quando toma uma decisão, ele é movido por objetivos. Assim, diante de dois produtos que apresentam o mesmo custo, o consumidor tende a escolher aquele que lhe oferece maior benefício. Diante de dois produtos que apresentam o mesmo benefício, ele tende a optar por aquele que for mais barato. Por isso, afirmamos que os consumidores são racionais, sempre comparando os custos e os benefícios relativos às suas escolhas.

Também é importante considerar que um bem ou serviço pode ser substituído por outro. Assim, com determinada quantidade de dinheiro, é possível comprar um aparelho de televisão ou passar um fim de semana em uma praia do Estado do Rio de Janeiro. Tanto uma sessão de cinema como uma peça de teatro pode satisfazer o anseio de lazer do turista. Percebeu? Estamos afirmando que há muitos modos alternativos de satisfação para os desejos individuais. Para Carvalho et al. (2008, p. 101), "nenhum bem é tão precioso a ponto de não estarmos dispostos a abrir mão de certa quantidade dele em troca de quantidades de outros bens".

Outra constatação a respeito do comportamento do consumidor diz respeito à lei da utilidade marginal decrescente.

Lei da utilidade marginal decrescente: princípio da economia que estabelece que, à medida que o consumo de um bem ou serviço aumenta, a utilidade resultada desse consumo tende a diminuir conforme se adquirem unidades adicionais desse mesmo bem ou serviço.

Vamos exemplificar para que você entenda melhor: quando você vai conhecer um destino turístico pela primeira vez, o valor dado a essa escolha é maior do que quando você vai a esse destino das próximas vezes. Isso também vale para outros bens e serviços. Por mais que você goste de chocolate, à medida que consome unidades adicionais do doce, o valor declina. Um chocolate após o almoço é excelente. Um chocolate após o lanche pode ser bom. Um chocolate após o jantar pode ser regular. Possivelmente, um chocolate antes de ir para a cama não seja tão atrativo assim. Esse é um exemplo de aplicação da lei da utilidade marginal decrescente.

Por fim, é importante também considerar que as pessoas reagem a estímulos e incentivos. O preço pode atuar como incentivo: quanto menor o preço de um produto ou serviço, mais as pessoas os consomem. Ora, o preço é um estímulo ao consumo. Ao contrário, o aumento nos preços ocasiona redução no consumo, porém incentiva as empresas a produzirem mais daqueles bens ou serviços, já que podem cobrar mais por eles. Outras formas de incentivo utilizadas são, por exemplo, a propaganda, o fácil acesso ao produto ou serviço, a facilidade de crédito, o número de parcelas, e assim por diante. Como o produto turístico tem uma estreita ligação com o atendimento, diferenciais que se apresentam nessa área irão influenciar diretamente nos resultados do produto ou serviço ofertado. Portanto, fica o alerta de que, muitas vezes, o atendimento passa a ser o definidor para a escolha de determinado produto ou serviço turístico.

2.1.6 Os determinantes da demanda

Vários fatores determinam a demanda por bens e serviços. O primeiro deles é o preço. Dessa forma, quanto maior for o preço do bem ou serviço turístico oferecido, *coeteris paribus*, menor será a quantidade demandada por ele. Ora, o contrário também é verdadeiro. Quanto menor o preço, maior a procura pelos bens e serviços turísticos oferecidos no mercado. Podemos aqui apresentar a curva da demanda, conforme o gráfico.

Gráfico 2.2 – Curva da demanda

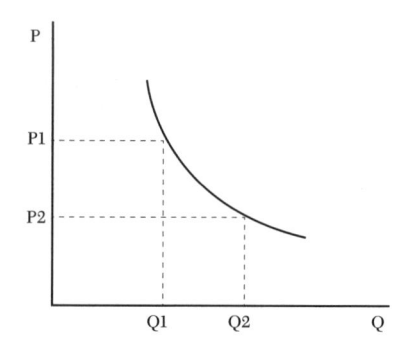

Em que: P = preço e Q = quantidade

Se o preço for maior (P1), a quantidade procurada será menor (Q1). Quando houver um deslocamento de preço para baixo (de P1 para P2), haverá uma procura maior, ou seja, um deslocamento para maiores quantidades (de Q1 para Q2).

O segundo fator determinante para a procura por bens e serviços no mercado é a renda do consumidor. Assim, quanto maior a renda – o que se reflete no aumento do poder aquisitivo –, maior será a quantidade de bens e serviços consumidos.

Poder aquisitivo: é a capacidade que um indivíduo ou uma população tem para adquirir bens e serviços em uma economia. Detém maior poder aquisitivo aquele que consome um valor maior em bens e serviços em determinado período.

O preço dos outros bens e serviços ofertados no mercado também deve ser considerado um determinante da demanda, de forma que, quanto menor o preço dos outros bens e serviços, menor a quantidade consumida do bem ou serviço mais caro. Aqui se faz necessário considerar os bens oferecidos no mercado. Existem os **bens normais**, os **bens inferiores**, os **bens de consumo saciado**, os **bens complementares** e os **bens substitutos**. Vamos explicar cada um deles.

Bem normal é o produto ou serviço cuja demanda aumenta toda vez que a renda dos consumidores aumentar. Ou seja, as vendas aumentam quando a renda de seus consumidores aumentar. Por exemplo: a venda de passagens aéreas aumenta à medida que a renda dos consumidores também aumenta.

Bem inferior é o produto ou serviço cuja demanda diminui toda vez que a renda dos consumidores aumentar. Por exemplo: se o consumidor aumentar sua renda, ele irá viajar mais de carro do que de ônibus coletivo.

Bem de consumo saciado é aquele bem cuja quantidade consumida não se altera com o aumento da renda do consumidor. Assim, mesmo aumentando o poder aquisitivo do consumidor, ele não aumentará a quantidade consumida daquele bem. Por exemplo: não haverá maior consumo de sal por determinado consumidor mesmo que haja aumento em seus rendimentos mensais.

Bem complementar é aquele consumido quando há o consumo de outro bem. Por exemplo: ao vender um maior número de veículos, podemos afirmar que haverá um maior consumo de combustível. Ou, em outro exemplo, quanto maior a taxa de ocupação dos hotéis de uma cidade, maior o número de refeições vendidas nos restaurantes daquela mesma cidade.

Bem substituto é aquele capaz de ser consumido em lugar de outro, podendo ser chamado, também, de *bem sucedâneo*. Por exemplo: ao optar por um cardápio que tenha peixe, o turista não irá optar pelo cardápio que oferece carne. Desse modo, o peixe é substituto ou sucedâneo da carne.

Também deverão ser considerados como importantes determinantes para o consumo de bens e serviços os hábitos e as preferências dos consumidores, e a propaganda busca justamente influenciá-los. Também é importante salientar mais uma vez que, para o produto ou serviço turístico, a qualidade do atendimento torna-se um fator determinante, tanto para a escolha quanto para a geração de nova demanda, já que os consumidores que tiveram suas expectativas atendidas tendem a recomendar os produtos e serviços que os satisfizeram.

Todas as variáveis apontadas até aqui são fundamentais para compreendermos o consumo de bens e serviços. Logicamente, a atuação dessas variáveis raríssimas vezes acontece de forma individual. Em geral, elas atuam em conjunto, definindo quais quantidades de um bem ou serviço específico o consumidor está disposto a adquirir. Daí a importância de conhecê-las e estudá-las como forma de melhorar o desempenho dos produtos e serviços turísticos ofertados no mercado.

Para saber mais

Para saber mais sobre a demanda turística nacional, acesse o seguinte *site*: BRASIL. Ministério de Turismo. Fundação Instituto de Pesquisas Econômicas. **Caracterização e dimensionamento do turismo doméstico no Brasil**. São Paulo, 2012. Disponível em: <http://www.dadosefatos.turismo.gov.br/export/sites/default/dadosefatos/demanda_turistica/downloads_demanda/Demanda_domxstica_-_2012_-_Relatxrio_Executivo.pdf>. Acesso em: 20 nov. 2013.

Para saber mais sobre demanda turística internacional, acesse o seguinte *site*: BRASIL. Ministério do Turismo. Demanda turística: internacional. **Dados e Fatos**. Disponível em: <http://www.dadosefatos.turismo.gov.br/dadosefatos/demanda_turistica/internacional>. Acesso em: 20 nov. 2013.

2.1.7 A segmentação do mercado turístico

Você sabe o que significa *segmentação de mercado*? Já ouviu falar sobre isso?

Questão para reflexão

Você já percebeu como as pessoas são diferentes umas das outras? Consegue identificar no seu círculo de relações como são diferentes as preferências e os gostos das pessoas envolvidas? É capaz de perceber algumas características que diferenciam umas pessoas das outras?

Com certeza, você consegue perceber que os gostos e as preferências das pessoas com relação a sabores, lazer e compras se diferenciam umas das outras, segundo influências culturais, sociais e de personalidade. Assim, um produto ou serviço poderá agradar mais a uma pessoa do que a outra, de forma que nem tudo o que uma empresa oferece agradará a todos os indivíduos do mercado.

É justamente aí que entra a segmentação de mercado. Ela consiste na divisão do mercado em partes mais ou menos homogêneas de indivíduos, de forma que uma empresa consiga atender aos gostos e às preferências específicas de cada grupo.

Homogêneo: idêntico, similar, semelhante, parecido.

Por isso, "para atingir de maneira mais confiável e eficaz os potenciais consumidores, as empresas recorrem à segmentação de mercado" (Lohmann; Netto, 2008, p. 164). Segmentar o mercado e a demanda, na visão de Souza e Corrêa (2000, p. 132), consiste na "distribuição do mercado em grupos homogêneos em função de algumas características que identificam em seus componentes". A identificação dessas características permite às empresas apontar grupos com padrões de consumo e comportamentos que determinarão as características que os produtos e serviços devem ter. Dessa forma, a segmentação funciona como uma estratégia de *marketing*, com o principal objetivo de conquistar um público-alvo, diferenciando-se dos concorrentes. Isso porque a partir da segmentação serão estabelecidas características nos produtos que virão ao encontro das necessidades e dos desejos de um grupo específico de consumidores.

Marketing: é o procedimento empregado para determinar quais produtos ou serviços interessam aos consumidores, bem como a estratégia que se utilizará no processo de comercialização, comunicação e desenvolvimento do negócio.

Público-alvo: é o grupo de pessoas ou a parte do mercado que uma empresa pretende atingir com seu produto ou serviço.

Balanzá e Nadal (2003, p. 98) pontuam diferentes critérios para a segmentação, como os geográficos, que abrangem o tamanho da população e o tipo de clima; os sociodemográficos, que consideram a idade, o sexo, o tamanho da família e o estado ou situação dentro da família; os socioeconômicos, que compreendem a renda disponível, além dos níveis cultural e profissional; e os motivacionais, referentes a viagens – lembrando que elas podem ser a passeio, estudos/pesquisa, por motivos de saúde, por motivos religiosos, em função de competições ou negócios. Existe também a possibilidade de se segmentar o mercado conforme as necessidades do consumidor, seja pelo motivo da escolha e pelo estilo de vida, seja pela atitude diante do produto ou pelo grau de fidelidade. Vamos ilustrar alguns tipos de turismo com relação aos critérios utilizados, seguindo principalmente a classificação de Ignarra (2003, p. 80-81).

Considerando a faixa etária, é possível identificar o turismo infanto-juvenil, o de meia idade e o da melhor idade. Considerando o nível de renda, identificamos o turismo popular, o de classe média ou de massa e o de luxo. Levando em conta o meio de transporte, temos o turismo aéreo, o rodoviário, o ferroviário, o marítimo, o fluvial ou lacustre, o espacial e o cicloturismo.

Quanto ao tempo de duração, existe o turismo de curta, o de média e o de longa duração. De acordo com a distância do mercado consumidor, podemos ter o turismo local, o regional, o nacional, o continental e o intercontinental. Já conforme o tipo de grupo, distinguimos o turismo individual, o de casais, o de famílias, o de grupos, o GLS ou GLTB, o de solteiros e o religioso.

GLS: sigla que indica gays, lésbicas e simpatizantes.
GLTB: sigla que indica gays, lésbicas, travestis e bissexuais.

Considerando o sentido do fluxo turístico, existe o turismo emissivo e o receptivo. De acordo com a geografia do destino, discernimos o turismo de praia, o de montanha, o de campo e o de neve. Considerando os aspectos culturais, existe o turismo cultural, o étnico, o religioso, o de peregrinação, o histórico, o educacional, o científico, o espacial, o astronômico, o de congresso, o de intercâmbio, o gastronômico e o termal (termalismo).

Levando em conta a urbanização do destino, temos o turismo de metrópoles, o de pequenas cidades, o rural, o enoturismo, o agroturismo, o de áreas naturais, o ecoturismo, o de pesca e o de caça. Por fim, quando se considera a motivação da viagem, identificamos o turismo de negócios, de compras, de incentivo, de eventos, de lazer, balnear, termal, náutico, férias, de repouso, de saúde, esportivo, desportivo, de aventura, de pesca e esotérico.

Diante de uma gama tão extensa de segmentos, é importante ressaltar que a noção de segmentação traz benefícios para as empresas que oferecem os produtos e os serviços turísticos. Dentre esses benefícios, está a economia de escala, já que, ao definir um grupo para determinado produto ou serviço, é possível direcionar os recursos justamente para o público-alvo. Os gastos com promoção ou propaganda também acabam sendo dirigidos com maior precisão ao público interessado. É possível criar uma política de preços que atende a mercados específicos, levando em conta a capacidade de pagamento, os anseios e as necessidades particulares.

Os grupos segmentados também são beneficiados, porque passam a ter à sua disposição produtos e serviços que atendem com maior precisão às suas expectativas. Por fim, a própria comunidade anfitriã é beneficiada, entendendo que a segmentação levará até a localidade indivíduos realmente interessados naquilo que ela tem a oferecer, valorizando os serviços e produtos disponibilizados ao turista.

Para saber mais

Para saber mais sobre segmentação turística, recomendamos *Segmentação turística*, da página 61 à 73, da publicação do Ministério do Turismo *Segmentação do Turismo e o Mercado*.

BRASIL. Ministério do Turismo. Secretaria Nacional de Políticas de Turismo. **Segmentação do turismo**: Brasília. 2010. Disponível em: <http://www.turismo.gov.br/export/sites/default/turismo/o_ministerio/publicacoes/downloads_publicacoes/Segmentaxo_do_Mercado_Versxo_Final_IMPRESSxO_.pdf>. Acesso em: 20 nov. 2013.

Síntese

O funcionamento do mercado turístico foi tema do segundo capítulo deste livro. Buscamos demonstrar a importância da atividade turística e os agentes envolvidos nesse mercado, elencando os interesses que cada um deles alimenta com relação ao turismo.

O produto ofertado mereceu destaque no nosso estudo; assim, buscamos trazer para você as características da oferta turística, bem como os principais determinantes dessa oferta.

Em seguida, discutimos as principais motivações que definem a escolha do consumidor, apresentando a teoria da demanda e a aplicabilidade dessa teoria para o desenvolvimento do mercado turístico.

Por fim, abordamos a segmentação de mercado, assunto que se mostra complementar aos estudos da oferta e da procura nos estudos econômicos.

Questões para revisão

1. Os grupos de interesse no desenvolvimento da atividade turística apresentam algumas expectativas e objetivos que podem e devem ser identificados como forma de dinamizar o mercado. Nesse sentido, coloque (V) quando a alternativa estiver de acordo com os interesses dos grupos apontados e (F) quando não estiver de acordo.

( ) Os consumidores dos produtos turísticos são chamados de *comunidade receptora*. Essa comunidade procura a satisfação de suas necessidades mediante a aquisição de bens e serviços do mercado turístico.

( ) As empresas turísticas são as organizações que entendem o turismo como uma oportunidade para a obtenção de lucro mediante a troca de diversos tipos de bens e serviços pelo maior valor agregado no mercado.

( ) O governo entende o turismo como importante à medida que este assume um papel econômico, relacionado à geração de emprego e renda, ao aumento das divisas do país, à redistribuição de riquezas e ao aumento da arrecadação de impostos.

( ) Os moradores pertencentes aos locais onde a atividade turística está sendo desenvolvida são os que formam o grupo chamado de *turistas*. Para eles, o turismo representa a possibilidade de desenvolvimento econômico e cultural.

Assinale a alternativa que corresponde à sequência correta:

a) V, V, V, V.

b) F, V, V, F.

c) F, V, F, F.

d) V, F, F, V.

2. Relacione os recursos elencados na primeira coluna com os exemplos da segunda.

1. Recursos naturais
2. Recursos histórico-culturais
3. Realizações técnicas e científicas contemporâneas
4. Acontecimentos programados

( ) Feiras e exposições
( ) Jardins botânicos
( ) Grutas e cavernas
( ) Zoológicos
( ) Gastronomia típica
( ) Praias
( ) Museus
( ) Congressos e convenções

3. Os equipamentos e serviços turísticos são todas as instalações de superfície e os serviços que se mostram imprescindíveis para o desenvolvimento e o atendimento aos turistas, enquanto a infraestrutura de apoio turístico compõe-se das edificações e instalações que permitem o desenvolvimento da atividade turística, não se constituindo, entretanto, como uso exclusivo dos turistas. Relacione a segunda coluna com

a primeira, distinguindo quais itens pertencem à infraestrutura de apoio turístico e quais pertencem a equipamentos e serviços próprios para o turismo:

1. Equipamentos e serviços turísticos
2. Infraestrutura de apoio turístico

( ) Albergues da juventude
( ) Hotéis
( ) Farmácias
( ) Caixas eletrônicos
( ) Áreas para exposições e rodeios
( ) Postos telefônicos
( ) Postos de informações turísticas
( ) Postos de abastecimento de combustível

4. Entre as principais características da oferta turística estão a intangibilidade, a imobilidade, a heterogeneidade, a impossibilidade de estocagem e a inseparabilidade. Explique cada uma delas.

5. Defina o que é segmentação de mercado e qual a sua importância para o mercado turístico.

3
o estudo das firmas

conteúdos do capítulo:

> As firmas como unidades econômicas.
> Custos de produção.
> Receitas das firmas.
> Estruturas de mercado.
> Equilíbrio de mercado.
> Externalidades.
> Regulamentação de mercado.

após o estudo deste capítulo, você será capaz de:

1. entender as firmas como unidades econômicas;
2. perceber a importância dos custos de produção;
3. distinguir *custo fixo* de *custo variável*;
4. identificar e analisar as estruturas de mercado para traçar estratégias de mercado;
5. entender a importância das externalidades para a composição da regulamentação de mercado.

A teoria da produção entende as firmas como unidades econômicas e preocupa-se com a relação física existente entre as quantidades produzidas e os fatores de produção envolvidos. A teoria dos custos, por sua vez, além de levar em conta essa relação quantitativa, aborda a questão dos preços envolvidos nos fatores utilizados. Este capítulo é dedicado a temas que visam elucidar o comportamento das firmas. Nesse sentido, abordaremos os custos de produção e as receitas das firmas e, em seguida, identificaremos e analisaremos as estruturas de mercado. Também discutiremos a importância das externalidades para a composição da regulamentação de mercado.

3.1 O comportamento das firmas

O comportamento das empresas ou firmas apresenta estreita ligação não apenas com as quantidades físicas de produtos e serviços que elas são capazes de oferecer, mas também com os fatores de produção utilizados para isso. É justamente disso que trata a teoria da produção: a relação entre os fatores de produção e as quantidades produzidas.

Empresa ou firma: engloba todas as atividades industriais, agrícolas, profissionais e de serviços. Uma empresa ou firma é uma unidade de atuação para a produção de bens e serviços, agindo de modo racional em busca da maximização dos resultados em termos de produção e de lucro, não sendo levadas em conta, nesse conceito, as questões jurídicas e contábeis que envolvem as particularidades de cada segmento empresarial.

Para ser mais abrangente, a análise das firmas deve também considerar os custos envolvidos na produção. Por isso, a teoria dos custos de produção se junta à teoria da produção com o intuito de oferecer subsídios para a análise do desempenho das firmas, pois, se a teoria de produção leva em conta as relações quantitativas entre fatores e produtos, a teoria dos custos considera os preços dos fatores envolvidos na produção dos bens e serviços.

Nesse sentido, é possível afirmar que uma firma ou empresa é uma unidade econômica que busca oferecer bens ou serviços com o objetivo de obter lucro. Ela visa, portanto, produzir racionalmente bens e serviços, de modo que o processo resulte em menores custos, para que, ao final, a empresa obtenha maiores lucros.

Produzir implica transformar. Por isso, é possível definir a produção como uma ação que transforma tudo aquilo que a firma adquire em produtos ou serviços para venda. Tudo o que a empresa adquire, e que contribui para a produção, é denominado *fator de produção*. Logo, um fator de produção é todo bem ou serviço que colabora para a transformação dos produtos. Existem fatores de produção primários e secundários; os primários são aqueles que não necessitam de um processo produtivo anterior para serem oferecidos no mercado, conhecidos como *fatores naturais*; os secundários englobam aqueles que precisam ser criados por um processo produtivo, conhecidos como *produtos industrializados*, e que servem como matéria-prima para a produção de novos produtos.

Para Carvalho e Vasconcellos (2006, p. 86), "as palavras produção e produto podem ser consideradas sinônimos perfeitos".

Fatores de produção

Para Rossetti (2002), os fatores de produção são formados por:

1. Um segmento da população total, delimitado pela idade na qual o indivíduo está apto para o trabalho.
2. Os recursos de capital, formados pela combinação de instrumentos e elementos de infraestrutura que dão suporte às operações de produção.
3. A tecnologia, que implica uma combinação qualitativa entre a população apta ao trabalho e os recursos de capital.
4. A capacidade empresarial, que também tem natureza qualitativa, denotando o espírito empreendedor que movimenta e impulsiona os recursos de uma economia. Esse espírito empreendedor se apresenta tanto no âmbito privado quanto no público. Por isso, um Estado empreendedor é aquele que mobiliza recursos de forma a permitir o desenvolvimento privado.
5. As reservas naturais, que são os elementos da natureza disponíveis para o processo primário de produção. Não basta ter disponibilidade de reservas naturais em grandes quantidades, pois os fatores que permitem seu conhecimento e seu aproveitamento é que fazem dessas reservas efetivamente um fator de produção.

A produção, que pode ser de bens materiais ou de serviços, é a função principal de uma firma. Uma empresa busca constantemente o aperfeiçoamento do processo produtivo a partir da relação entre os fatores produtivos e os resultados obtidos, bem como ampliar o mercado, ganhando espaço ante seus concorrentes, caracterizados pelas outras firmas que ofertam bens e serviços similares ou substitutos àqueles oferecidospela empresa. O processo produtivo diz respeito à combinação entre os diferentes fatores de produção com a finalidade de produzir determinada quantidade de bens ou serviços.

Um processo de produção, para Vasconcellos (2002), pode ser eficiente de duas formas: a primeira é chamada de **eficiência tecnológica**, que corresponde à produção de uma mesma quantidade de produtos ou serviços, fazendo uso de menores quantidades físicas de fatores de produção; a segunda é a **eficiência econômica**, ou seja, a produção de uma mesma quantidade de bens ou serviços com o menor custo possível dos fatores de produção.

Quando, em um processo de produção, a combinação dos diversos fatores resulta na produção de um único produto, ele é chamado de *processo de produção simples*. Quando a combinação dos fatores de produção permite a produção de mais de um produto, dá-se o nome de *processo de produção múltipla*.

Na tomada de decisão sobre o que, quanto e como produzir, o empresário determina uma combinação entre os fatores de produção disponíveis. Essa combinação, que resultará em uma quantidade física de produtos ou serviços obtida a partir da utilização de uma quantidade física dos fatores de produção, é chamada de *função de produção*.

A função de produção é representada da seguinte forma:

$$Q = f(x^1, x^2, x^3, x)$$

Na qual:
- **Q** representa a quantidade produzida de um bem ou serviço em determinado período;
- **F** representa a dependência de q em relação ao x;
- **X** representa a quantidade do fator de produção utilizado, como X^1, X^2 e X^3.

Admitimos a existência de vários fatores de produção que determinam a quantidade produzida; cada fator de produção é representado pelo X, nesse caso, um fator é relativo ao X^1, outro ao X^2 etc.

Os fatores de produção podem ser variáveis ou fixos. Por *fatores de produção variáveis* entendem-se todos aqueles que variam à medida que o volume produzido se altera. Por exemplo: ao aumentar o número de refeições oferecidas em um restaurante, preciso comprar um maior volume de elementos para a produção dessas refeições. Os componentes para a produção das refeições são considerados fatores variáveis. Por *fatores de produção fixos* entendemos todos aqueles que não se alteram conforme a variação de produção. Se, para produzir um maior número de refeições, utiliza-se o mesmo fogão para um número menor de refeições, o fogão é um fator fixo de produção.

Para a análise microeconômica da produção, devemos considerar situações de curto e de longo prazo, já que ambos estão ligados de forma peculiar com a relação entre a quantidade produzida e a quantidade de fatores de produção utilizados.

Quando existem alguns fatores considerados fixos e outros variáveis para a produção de determinada quantidade de produtos ou serviços, diz-se que existe uma situação de curto prazo. Portanto, uma situação de curto prazo é aquela em que pelo menos um dos fatores de produção se mantém fixo por um período. Já numa situação de longo prazo, todos os fatores de produção se alteram. No longo prazo, existe uma mudança em todos os fatores que estão em função da produção.

Vamos exemplificar o curto e o longo prazos utilizando o funcionamento de um hotel como exemplo.

Numa análise de curto prazo, pode-se dizer que um hotel com 50 quartos (unidades habitacionais-UH) terá de dispor de alguns fatores de produção para manter sua ocupação total. Deverá apresentar um número maior de arrumadeiras ou de itens de alimentação para o café da manhã, por exemplo. Então, num curto prazo, é possível trabalhar com esses fatores de produção em função da quantidade de unidades ocupadas. Veja que o número de unidades habitacionais continua constante; o hotel permanece dispondo de 50 unidades habitacionais. Portanto, um dos fatores de produção não se altera nessa análise de curto prazo, enquanto outros fatores, sim.

Numa análise de longo prazo, é possível afirmar que, se pretende aumentar sua capacidade total, o hotel terá de aumentar todos os fatores de produção, isto é, o número de quartos (unidades habitacionais-UH) deverá ser ampliado para que exista uma maior capacidade de acomodação para os hóspedes. Todos os fatores terão de ser alterados, o que não é feito de forma rápida, exigindo um espaço de tempo maior, capacidade de acomodação para os hóspedes. Todos os fatores terão de ser alterados, o que não é feito de forma rápida, exigindo um espaço de tempo maior, principalmente para um dos fatores de produção, que, nesse caso, requer a construção de uma nova ala com um determinado número de novas unidades habitacionais.

Numa análise de curto prazo, é possível apresentar os conceitos de produto total, produtividade média e produtividade marginal. Vamos explicar cada um deles.

O conceito de **produto total (PT)** é aquele que apresenta a quantidade de produtos ou serviços resultantes da utilização de um fator variável, mantendo os demais fatores fixos.

Para exemplificar, utilizaremos um exemplo em que todos os demais fatores de produção permanecem fixos, exceto a mão de obra.

PT = Q
Em que: PT é o produto total e Q, a quantidade.
Um restaurante produz, de janeiro a dezembro, 200 refeições por dia. Qual é sua produção mensal?
PT = 200 refeições mês · 30 dias
Produto total (PT) = 6.000 refeições mensais

A produtividade média ou **produto médio (PMe)** é a relação entre o quanto foi produzido em determinado período e o fator de produção variável utilizado para essa análise.

Em função de utilizarmos a mão de obra como fator variável, calculamos a produtividade média do trabalho dividindo a quantidade produzida em dado período pelo número de trabalhadores utilizados nessa produção.

$$PMe(N) = \frac{PT}{N}$$

Em que: N é igual ao número de trabalhadores.

Para produzir as 200 refeições diárias, o restaurante emprega 4 cozinheiras. Qual a média de refeições produzidas por cozinheira mensalmente?

Utilizando a fórmula, vimos que a produção mensal (PT) é de 6.000 refeições.

$$PMe(N) = \frac{6000}{4} = 1500$$

Portanto, a produção média de cada cozinheira é de 1.500 refeições por mês.

A **produtividade marginal (PMg)** é a variação ocorrida na quantidade oferecida de bens ou serviços diante do acréscimo de uma unidade no fator de produção variável.

Consideremos novamente nosso restaurante. Como forma de ampliar o número de refeições, o dono opta por contratar mais uma cozinheira. Ao contratá-la, o número de refeições salta de 200 para 240 refeições ao dia. O trabalho adicional daquela cozinheira significou o acréscimo de 40 refeições diárias, as quais correspondem ao produto marginal ou à produtividade marginal (PMg).

Se você fizer o cálculo da produtividade média diária de cada cozinheira, perceberá duas situações bem distintas:

1. Inicialmente, as 4 cozinheiras produziam 200 refeições. Calculando a produtividade média de cada uma, obtém-se o resultado apresentado a seguir.

$$PMe(N) = \frac{200}{4} = 50$$

Ou seja, cada cozinheira produz 50 refeições em média por dia.

2. Ao contratar uma quinta cozinheira, as refeições aumentam de 200 para 240 por dia. Calculando a produtividade média de cada uma, obtém-se o seguinte resultado:

$$PMe(N) = \frac{240}{5} = 48$$

Nesse caso, cada cozinheira produz 48 refeições em média por dia.

O que você percebe?

Quando o restaurante contavam com 4 cozinheiras, a produtividade média era maior (50 refeições diárias) do que quando ele acrescentou a quinta cozinheira (48 refeições diárias). Por que isso ocorreu?

Veja que houve alteração em apenas um fator de produção, nesse caso, a mão de obra. Aumentamos uma cozinheira e mantivemos os demais fatores fixos, como o fogão, o lavatório e as panelas. Vamos supor que a capacidade da chapa onde são preparadas as carnes tenha uma limitação. Esse fator irá limitar a expansão dos outros fatores de produção, ocasionando, talvez, um resultado como o que ocorreu no nosso exemplo.

Diante disso, é possível enumerar três situações que denominamos *rendimentos de escala*.

3. Na primeira situação estão os **rendimentos constantes** de escala: nesse caso, a variação do percentual da quantidade produzida é exatamente igual à variação percentual do fator de produção investido. Ocorre, por exemplo, quando acontece

um investimento de 10%, e a expansão da produção resulta em 10%.

4. Na segunda situação estão os **rendimentos crescentes** de escala: nesse caso, a variação do percentual da quantidade produzida é superior ao percentual do fator investido. Por exemplo: houve um investimento de 5% na firma e a produção apresentou uma expansão de 10%.

5. Por fim, na terceira situação, estão os **rendimentos decrescentes**: ocorrem quando a variação percentual da quantidade produzida apresenta-se inferior ao percentual do fator investido. É o caso de uma firma que investe 10%, mas que expande a produção em apenas 5%.

Com relação ao nosso exemplo do restaurante, é possível afirmar que houve investimento de 25% no número de cozinheiras e aumento na produção de refeições de 20%. Um aumento de 4 para 5 cozinheiras significa 25% de mão de obra a mais do que havia anteriormente. Um aumento de produção de 200 para 240 refeições diárias significa aumento de 20% no número de refeições. Posso concluir, então, que nesse caso os rendimentos foram decrescentes.

Outro ponto importante de análise é a curva de possibilidade de produção. Considerando que uma empresa consiga oferecer mais do que um produto combinando os diversos fatores de produção que tem à sua disposição, qual é a quantidade que ela deve ofertar de cada um deles ou qual é a melhor combinação entre a oferta desses produtos? É justamente disso que trata a curva da possibilidade de produção, também conhecida como *curva de transformação*.

A curva de possibilidade de produção apresenta uma linha em que todos os pontos mostram as diversas quantidades dos dois produtos, as quais podem ser produzidas isoladamente ou em combinação, levando em conta os fatores de produção de que a empresa dispõe.

Veja o gráfico que representa a curva de possibilidade de produção:

Gráfico 3.1 – Curva de possibilidade de produção

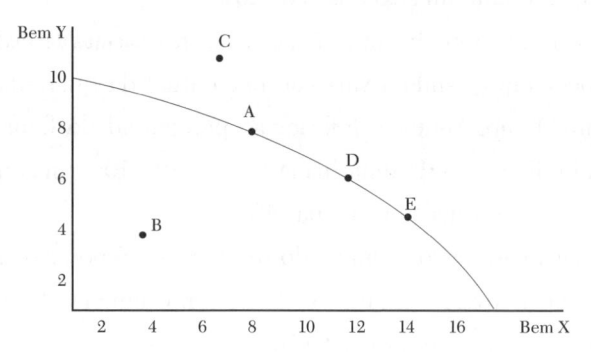

Observe que, ao produzir 10 unidades do bem Y, a empresa não produzirá nada do bem X. O ponto C apresenta uma condição em que não há possibilidade de produção, já que está fora da curva. O ponto B mostra um resultado de produção inferior ao que a empresa pode produzir com os recursos de que dispõe.

3.2 Os custos de produção e as receitas das firmas

Em várias situações cotidianas nos referimos à palavra *custo*. Muitas vezes, estamos aludindo aos gastos realizados, outras, às perdas que tivemos. Para as firmas, entretanto, custos são definidos como todas as despesas realizadas para a obtenção de uma quantidade de produtos, com a utilização de uma combinação de fatores necessários para isso. Se levarmos em conta que uma empresa age de forma racional, buscando, como já afirmamos anteriormente, o máximo de lucro com o menor nível de gastos possível, estamos pressupondo que os custos envolvidos na produção de bens e serviços atendem a uma conduta de otimização. Isso significa que sempre haverá uma busca pelos fatores produtivos que, combinados, apresentem o melhor resultado possível.

Otimização: origina-se do termo *ótimo* e, no âmbito das empresas, significa a busca pelo aprimoramento constante com o objetivo de evitar perdas, produzindo sempre maiores quantidades por meio do uso mais eficaz dos recursos disponíveis.

Sempre haverá a incidência de custos na produção de bens e serviços, os quais podem ser classificados como *custos fixos totais* e *custos variáveis totais*. Dessa forma, os **custos totais (CT)** de uma firma são o resultado da somatória dos **custos fixos totais (CFT)** e dos **custos variáveis totais (CVT)**. É possível representar essa equação da seguinte forma:

Os custos fixos totais (CFT) são todos os custos de uma firma,

$$CT = CFT + CVT$$

independentemente da quantidade de produtos ou serviços produzidos. Desse modo, havendo ou não a produção de bens e serviços, esses custos deverão ser pagos.

Vamos dar um exemplo.

Suponha que uma pessoa compre uma van para oferecer um serviço de *city tour* pela sua cidade e, por motivo de doença, ela permaneça impossibilitada de realizar o serviço por um mês. Você diria que ela não arca com custos no mês em que a van fica na garagem? Veja que, apesar de não utilizar o carro, essa pessoa terá de pagar o seguro da van correspondente àquele mês. O seguro, portanto, é um custo fixo, independendo de se estar realizando o serviço de *city tour* ou não.

City tour: visita por diversos pontos de interesse em uma cidade. Serviço prestado para o turista, que é conduzido aos locais de interesse turístico de uma cidade.

Os custos variáveis totais (CVT) são aqueles diretamente ligados à quantidade de bens e serviços produzidos. Assim, quando houver uma variação da quantidade de bens e serviços produzidos, existirá variação nos custos. Logo, esse custo está ligado ao nível de produção da empresa.

Voltemos ao nosso exemplo.

Agora, o proprietário da van, já recuperado, está realizando o *city tour*. Veja que, quanto mais *city tours* ele realizar, maior será seu gasto com combustível. Desse modo, esse gasto é classificado como *custo variável*, pois irá variar conforme a quantidade de *city tours* que o proprietário efetivamente realizar.

A análise dos custos é muito importante para a manutenção de qualquer negócio, pois ela permite observar os custos unitários de produção, o custo total médio, o custo variável médio e o custo fixo médio.

Vamos observar esses custos no nosso exemplo.

Suponhamos que o empresário da van realiza 20 *city tours* por mês. Os custos fixos totais para a realização dos *city tours* ficam em R$ 3.000,00 por mês, e os custos variáveis totais somam R$ 7.000,00 por mês. Vamos calcular o custo total, o custo total médio, o custo variável médio e o custo fixo médio.

O **custo total** será calculado da seguinte forma:

CT = CFT + CVT
CT = 3.000 + 7.000
CT = 10.000
Logo: o custo total é de R$ 10.000,00

O **custo total médio (CTme)** será o custo relativo a cada *city tour* realizado. Nós o calculamos da seguinte forma:

$$CTme = \frac{CT}{Q}$$

Em que:
CT = custo total
Q = quantidade
Então: $CTme = \frac{10.000}{20} = 500$

Logo: o custo total médio é de R$ 500,00 por *city tour*.

O **custo variável médio** será calculado por meio da divisão do custo variável total pela quantidade produzida. Calculamos o valor da seguinte forma:

$$CVme = \frac{CVT}{Q}$$

Então: $CVme = \frac{7.000}{20} = 350$

Logo: o custo variável médio total é de R$ 350,00.

Calcula-se o **custo fixo médio** dividindo o custo fixo total pela quantidade produzida, da seguinte forma:

$$CFme = \frac{CFT}{Q}$$

Então: $CFme = \frac{3.000}{20} = 150$

Logo: o custo fixo médio total é de R$ 150,00.

Por fim, vamos analisar o custo marginal, que se refere à variação no custo em função da variação de produção. Então, seguindo com o nosso exemplo, se houver mais um *city tour*, ou seja, 21 *tours* em vez de 20 durante o mês, podemos afirmar que houve um custo marginal referente ao 21º *city tour* de R$ 400,00. Veja que não aconteceu alteração no custo fixo total, já que ele não depende da quantidade produzida. Vamos calcular novamente o custo médio total, partindo da nova realidade, ou seja, 21 *city tours*.

O custo total será calculado da seguinte forma:

$$CT = CFT + CVT$$
$$CT = 3.000 + 7.400$$
$$CT = 10.400$$

Logo: o custo total é de R$ 10.400,00.

O custo total médio (CTme) será o custo relativo a cada *city tour* realizado. Nós o calculamos da seguinte forma:

$$CTme = \frac{CT}{Q}$$

Então: $CTme = \frac{10.400}{21} = 495,24$

Logo: o custo total médio é de R$ 495,24 por city tour.

Você notou alguma diferença entre o cálculo feito para 20 e o último feito para 21 *city tours*?

Veja que o custo total médio sofreu uma ligeira queda de R$ 500,00 para R$ 495,24.

Questão para reflexão

Considerando a queda que ocorreu no custo total médio em virtude do aumento a quantidade de *city tours* oferecidos pelo empresário (usado como exemplo na nossa análise de custos), identifique por que ela ocorreu e qual a importância dos custos fixos e variáveis na composição do preço final do produto.

Ao tomar uma decisão quanto aos preços a serem aplicados nos seus produtos ou serviços, a empresa estará traçando uma estratégia de mercado, já que essa decisão determinará o rumo para as vendas e para o sucesso no mercado. Tal estratégia estará sujeita aos efeitos de diversos fatores, que podem ser internos ou externos à empresa. Os fatores internos são denominados *endógenos*, e os externos, *exógenos*.

Vamos citar alguns fatores exógenos que influenciam na formação dos preços: as políticas de governo, como decisões de congelamento de preços, subsídios, regulações de mercado e tabelamentos; estratégias adotadas pelas outras empresas do setor; estratégias dos fornecedores; fenômenos naturais, como geadas, ondas excessivas de calor, temporais; e alguns eventos sociais, como protestos, guerras civis, rebeliões.

Já entre os fatores endógenos estão: redução dos custos de uma empresa; melhorias nos processos produtivos; novas tecnologias que alteram os processos produtivos; políticas de atração de mercado.

A receita total de uma empresa é a quantidade monetária total, conquistada por meio da venda do seu produto ou serviço. Verifica-se, então, que essa **receita total (RT)** depende do preço praticado e das quantidades vendidas, podendo ser chamada, também, de *faturamento bruto*. As estratégias de mercado estão ligadas a estas duas variáveis: quantidades produzidas e preços dos produtos e serviços.

A receita total (RT) é calculada da seguinte maneira:

$$RT = Q \cdot P$$
Em que:
Q = quantidade
P = preço

A partir do momento em que se conhece corretamente a estrutura de custos e de receitas de uma empresa, é possível determinar os limites nos quais a atuação opera com prejuízo ou com lucro. O ponto em que o faturamento bruto é exatamente igual aos custos totais da empresa é conhecido como *break-even*, e identifica de que forma, precisamente, a empresa atua sem ter lucro ou prejuízo. É quando as receitas obtidas com as vendas cobrem os custos totais envolvidos. Quando as receitas totais superam os custos totais, a operação apresenta uma área de lucro; ao contrário, quando os custos totais superam as receitas totais, verifica-se uma área de prejuízo.

Outro ponto importante que devemos considerar é o custo de oportunidade. Veja que até agora abordamos custos explícitos, isto é, aqueles que envolvem efetivamente o uso de recursos monetários. Podemos afirmar que esses custos são de fato gastos com insumos para a produção de bens e serviços. O custo de oportunidade é um custo implícito (Carvalho; Vasconcellos, 2006; Vasconcellos; Garcia, 2004) e, portanto, não exige o desembolso de recursos por parte da empresa. Esses custos são avaliados com base no que poderia ser ganho entre os diversos usos alternativos para os recursos apresentados. Por exemplo: é possível analisar o custo de oportunidade quando uma empresa dispõe de um prédio próprio. Ela poderia analisar o quanto ganharia se alugasse o imóvel e utilizasse o valor adquirido com o aluguel para outra finalidade. Outra análise que exemplifica o custo de oportunidade é o quanto o proprietário de uma agência de viagens ganharia se aplicasse seus recursos em outra atividade. Esse lucro de oportunidade é também chamado de *lucro normal*, caracterizando-se pelo estímulo que mantém um empresário em determinada atividade. Se o lucro em uma atividade é inferior ao de outras atividades, o empresário provavelmente acaba sendo desestimulado a manter-se no negócio e passa a buscar alternativa mais lucrativa no mercado.

Por fim, é importante diferenciar custos de despesas. Como vimos, os custos estão integrados à produção dos bens e serviços. As despesas, por sua vez, estão associadas à obtenção de receitas, como a comissão paga aos vendedores. No entanto, na maioria dos estudos econômicos, essa diferenciação não é feita, pois, normalmente, as despesas são englobadas nos custos fixos da empresa.

3.3 Estruturas de mercado

As estruturas de mercado são padrões que demonstram como os mercados estão organizados. Cada estrutura de mercado mostra de que modo irá acontecer a interação entre a oferta e a procura, já que, com algumas características de certas empresas, é possível delinear o comportamento da oferta de bens e serviços disponibilizados ao consumidor. As estruturas clássicas de mercado, as quais abordaremos, dependem de algumas características que diferenciam e influenciam a oferta de bens e serviços.

A primeira característica a se destacar é o número de empresas que existem no mercado. Em seguida, temos de considerar se o produto oferecido é idêntico ou diferente daqueles que as demais empresas oferecem e, por fim, se é possível a entrada de outras empresas no mercado ou se existem barreiras que dificultam ou impossibilitam a entrada de concorrentes.

Diante dessas características, classificamos as estruturas de mercado como: *concorrência imperfeita, concorrência perfeita, oligopólio* e *monopólio*. Vamos agora entender essas estruturas clássicas.

Quando existe uma grande quantidade de empresas em um setor produtivo ou de serviços, todas acreditam que podem fazer algumas apostas no mercado sem que as outras saibam disso. Esse mercado é chamado de **mercado imperfeito** e caracteriza-se por apresentar um grande número de empresas concorrentes, visto não haver barreiras para a entrada de novas empresas disputando fatias do mercado. Vasconcellos e Garcia (2004) distinguem esse tipo de mercado como aquele em que há um número relativamente grande de empresas com algum poder de concorrência, que apresentam, porém, diferenças em seus produtos. Além disso, elas atendem a segmentos diferenciados. As diferenças apresentadas podem ser as características físicas do produto, a embalagem ou a prestação de serviços complementares – a chamada *pós-venda*.

Avaliando esse mercado, Rossetti (2002, p. 527) considera que a "diferenciação é fator de estimulação de produção e desenvolvimento" e, sendo assim, "o progresso técnico sai fortalecido". A diferenciação estimula cada vez mais os produtores a buscar diferenciais para se destacarem ante seus concorrentes. Essa iniciativa estimula a demanda, já que o consumidor "vai à caça" de produtos e serviços novos, o que mantém os níveis de produção e emprego na economia. Nesse mercado, existe a necessidade de publicidade, como forma de comunicar ao consumidor quais são os diferenciais de um produto ou serviço em comparação com outros. Para o autor (Rossetti, 2002, p. 527), o efeito positivo dessa necessidade reside na maior quantidade de informações prestadas ao consumidor, o que leva à "concorrência transparente e aberta à opinião pública".

Como pontos desfavoráveis, Rossetti (2002, p. 527) alerta que o "apelo massivo à publicidade diferenciadora pode gerar também efeitos nocivos", como o aumento dos custos totais médios; o consumismo exagerado, que gera inversão de valores e desperdícios em escala social; e a possibilidade de fornecimento de mensagens incorretas, gerando contrainformação e desinformação.

O mercado de concorrência imperfeita diferencia-se do mercado de concorrência perfeita no produto ou serviço oferecido. No **mercado de concorrência perfeita**, os produtos são homogêneos – isso significa que não há quaisquer diferenças entre eles. Para Vasconcellos e Garcia (2004), no mercado de concorrência perfeita existe uma transparência quanto aos preços aplicados, já que os concorrentes detêm informações sobre todos os que participam no mercado. Há poucas possibilidades de manobras quanto à política de preços, já que os preços aplicados são muito próximos, sendo qualquer manobra conhecida pelos demais integrantes do mercado. Nesse mercado, também existe um grande número de empresas ofertantes, já que não há barreiras para a entrada de novas empresas concorrentes.

Outra estrutura clássica de mercado é o **oligopólio**. Para Vasconcellos e Garcia (2004, p. 79), essa estrutura "é caracterizada por um pequeno número de empresas que dominam a oferta de mercado". O oligopólio pode ser definido como um mercado em que, mesmo havendo um grande número de empresas, poucas o dominam. Exemplos desse mercado são o setor da aviação, em que há poucas empresas, ou o setor de bebidas, no qual há muitas empresas, porém poucas dominando o mercado.

Para Rossetti (2002, p. 527), o oligopólio "favorece acordos e coalizão". Para o autor, isso pode ocasionar o "loteamento do mercado", isto é, a divisão do mercado em partes para que cada produtor forneça prioritariamente seus produtos, não permitindo a concorrência, o que é prejudicial ao consumidor, já que nesse tipo de mercado não há como adquirir produtos ou serviços de outro fornecedor.

Outro ponto levantado por Rossetti (2002, p. 527) é a "concorrência predatória", por meio da "guerra de preços" e do "*dumping*", o que geralmente acaba ocasionando a dominação do mercado e, portanto, a eliminação dos concorrentes, prejudicando assim os consumidores em geral.

Dumping: caracteriza-se pela exportação de produtos a um preço muito inferior àquele praticado no âmbito nacional. Muitas vezes, esse preço é menor até mesmo que o custo das mercadorias, de modo a desmantelar a concorrência interna e depois, quanto esta estiver desmobilizada, fixar-se no mercado cobrando preços bem mais altos.

No Brasil, o setor produtivo é bastante oligopolizado. Segundo dados da *Folha de S. Paulo* (2008), citada por Vasconcellos e Garcia (2004, p. 83), a média de concentração é de 63% na indústria e 71% no setor de comércio. Para citar alguns exemplos, na área de alimentos, quatro empresas dominam 51% do mercado de açúcar e álcool, quatro empresas dominam 53% do mercado frigorífico e quatro empresas dominam 74% do setor de conservas. No setor de bebidas, duas empresas dominam 86% do mercado de cerveja e quatro empresas representam 71% de todo o comércio de produtos de higiene e limpeza. No setor de turismo, é possível destacar o oligopólio do transporte aéreo, no qual um número limitado de companhias opera (Vasconcellos; Garcia, 2004, p. 83). Page (2008, p. 209) corrobora essa afirmação ao salientar o estabelecimento de preços entre as companhias aéreas e os acordos realizados no sentido de compartilhamento de rotas para atingir lucros conjugados.

Um grau de competitividade forte é fruto de alguns fatores, sendo o principal deles muitos concorrentes apresentando um equilíbrio de forças. Nesse caso, a tendência é que todos realizem manobras de mercado sem o conhecimento dos demais. Quem realizar tais manobras mais rapidamente e com maior intensidade tende a ganhar espaço.

Quando o mercado é dominado por um número menor de empresas, a tendência é que elas imponham suas regras para o mercado, exercendo um papel de coordenadoras daquele setor ao qual pertencem, como as operadoras filiadas à Associação Brasileira das Agências de Turismo (Braztoa), as agências de turismo que fazem viagens de intercâmbio e as agências de turismo filiadas à Associação Brasileira de Agências de Viagens Corporativas (Abracorp).

Quando o mercado apresenta um crescimento lento em determinado setor, as indústrias daquele setor tendem a transformar a concorrência em uma batalha para conquistar a maior fatia de mercado possível. É nesse caso que se apresenta a esmagadora influência dos custos fixos, já que estes oneram o produto final, culminando na incapacidade de certas empresas de concorrer em igualdade de forças com as demais empresas que conduzem os seus custos de forma mais eficiente. Nas indústrias em que a armazenagem dos produtos apresenta um custo muito alto, ou quando sua produção apresenta poucas condições de armazenagem (como produtos perecíveis), há uma tendência de corte dos preços para desfazer-se dessa produção o mais rápido possível. Em empresas onde não há como apresentar uma diferenciação dos produtos – o chamado *mercado perfeito*, como é o caso dos hortifrutigranjeiros –, não existe a possibilidade de manobras quanto ao preço. Nesse caso, há uma tendência de firmar parcerias com os compradores, como forma de criar lealdade, assegurando o poder de negociação e impedindo que o concorrente os conquiste.

Nos mercados em que existe a necessidade de grandes investimentos em infraestrutura, tanto para a implantação quanto para o aumento da produção, as empresas se obrigam a operar em economia de escala, o que significa produzir o máximo possível, utilizando toda a capacidade instalada. Isso gera uma sobrecarga produtiva, jogando no mercado uma enorme quantidade de produtos, fazendo com que todo o setor necessite operar com um preço menor de venda. Periodicamente, esse desequilíbrio entre oferta e procura acontece nos setores que exigem alto investimento, ocasionando redução de preços. Bom para o consumidor, ruim para o fabricante.

De um ponto de vista mais particular, cada empresa pode considerar determinada atividade industrial como estrategicamente importante para o seu negócio como um todo. Quanto maior for essa importância dada pela empresa, maior o grau de disposição para sacrificar a rentabilidade que ela pode atribuir ao produto, já que seu interesse não está apenas no lucro, mas também nos caracteres estratégico e pessoal do negócio.

As barreiras de saída trazem alguns fatores que fazem com que algumas empresas continuem atuando em determinado setor, mesmo com baixa rentabilidade. Entre os principais motivos, estão: os ativos especializados, os custos fixos de saída, as relações estratégicas e outras barreiras diversas.

Ativos de uma empresa: compõem o conjunto de bens, marcas, direitos etc. que uma empresa possui.

Quando uma empresa dispõe de ativos com baixo valor de liquidação – ou seja, o valor dos seus ativos não é reconhecido no mercado, ou por servirem a apenas uma especialidade de produto, ou por apresentarem pouca chance de conversão ou transferência –, ela tende a continuar no mercado, mesmo com baixa lucratividade, sob pena de seu prejuízo ser ainda maior. Entre os custos fixos de saída, encontram-se as indenizações aos funcionários e os gastos com manutenções e atualizações dos ativos (como máquinas e equipamentos), os quais podem inviabilizar uma saída do mercado, ou até mesmo uma troca de atividade. Outro motivo da não saída pode ser a relação estratégica do negócio com outros negócios da empresa, bem como a imagem que aquele negócio, mesmo não apresentando rentabilidade, projeta para a empresa. Outras barreiras à saída podem ser de cunho emocional: a possibilidade de os gestores apresentarem identificação com o negócio, sentindo, portanto, medo de abandoná-lo.

O **monopólio** é a estrutura de mercado na qual existe apenas um vendedor e muitos compradores para seu produto. Normalmente, nesse tipo de mercado não há produtos ou serviços substitutos, o que mantém na mão do fornecedor todo o poder quanto ao fornecimento e à política de preço. Não existe, portanto, concorrência no monopólio. É o caso do fornecimento de energia elétrica, por exemplo. Trata-se de uma única empresa governamental que detém o fornecimento para a população. Existem também monopólios não governamentais, nos quais o produtor tem reserva de mercado por patente ou pelo controle de matérias-primas. Um exemplo é o fornecimento de medicamentos, já que as empresas farmacêuticas têm o direito de fornecer determinado medicamento por um período, durante o qual as outras ficam proibidas de competir. Nesse caso, não há possibilidade de entrada de outras empresas para fornecer o mesmo produto, o que implica um poder exacerbado para o fornecedor do produto ou serviço monopolizador.

Estruturas de mercado e o turismo

Como você classificaria o comércio de artesanato em um destino turístico?

O comércio de artesanato é um mercado caracterizado pela existência de grande número de vendedores e de compradores, sendo o preço determinado pela lei da oferta e da procura. Os produtos ofertados apresentam diferenças, e não existem barreiras à entrada de novos concorrentes, isto é, se alguém quiser fazer e comercializar seu artesanato, poderá fazê-lo sem problemas. Portanto, a estrutura de mercado é o de concorrência imperfeita.

Tomando outro exemplo: Como você classificaria o mercado onde atuam as empresas de transporte aéreo no Brasil?

No Brasil, existe um mercado de transporte aéreo no qual poucas empresas detêm a oferta desses serviços. Os preços das tarifas básicas são semelhantes para todas, em função da desregulamentação tarifária vigente. Nesse caso, a estrutura de mercado é o oligopólio.

A preferência dos consumidores pelos serviços das empresas aéreas nem sempre é feita levando-se em conta a qualidade, a pontualidade e os serviços de bordo, mas sim o valor da tarifa/passagem. Importante destacar que os serviços aéreos, em função dos avanços tecnológicos, destacam-se dos demais serviços turísticos por serem os únicos em que os preços praticados mostram uma tendência de redução para o consumidor final. A redução de preços e a melhoria do poder aquisitivo da população, aliadas às diversas políticas de facilidade de pagamento e incentivo à compra de passagens aéreas (como é o caso do parcelamento nos cartões de créditos e dos programas do governo incentivando o turismo doméstico), têm alavancado a demanda turística por meio de uma utilização maior dos transportes aéreos, bem como dos demais serviços correlatos.

Outro ponto que deve ser considerado no setor é a existência de um organismo oficial regulador, que no Brasil é a agência Nacional de Aviação – Anac, a qual regulamenta as tarifas, os fretamentos e todo o trafego aéreo.

A Anac permite a discriminação dos preços, ocasionada pela desregulamentação tarifária, significando que as empresas aéreas podem aplicar tarifas especiais/promocionais/reduzidas em todos os seus voos, independentemente da sazonalidade. Daí as promoções que costumeiramente vemos em diversos trechos e destinos. Essa manobra estimula os consumidores, beneficiando não somente eles, mas todas as empresas envolvidas com as atividades turísticas, tanto as emissivas quanto as receptivas.

3.4 Equilíbrio de mercado

O equilíbrio de mercado se caracteriza pelo encontro da quantidade de bens e serviços ofertada pelas empresas com a quantidade procurada pelos consumidores. Quando existe esse encontro perfeito, afirma-se que o preço e a quantidade de bens e serviços atendem aos anseios dos consumidores e das empresas ofertantes.

Quando a quantidade ofertada se encontra abaixo da desejada pelos consumidores, apresenta-se uma situação de escassez. Os consumidores irão competir pelas quantidades ofertadas, o que forçará uma elevação dos preços. Por outro lado, quando a oferta é maior que a procura, haverá um excesso de produção, o que tende a elevar o estoque de produtos, provocando competição entre os produtores para vendê--los, acarretando, assim, redução dos preços. Nesse caso, ao longo do tempo, há um desinteresse dos produtores pela produção daqueles produtos, até que se atinja um ponto de equilíbrio.

O governo faz interferências no mercado, de diversas formas, para aproximar o máximo possível um mercado de seu ponto de equilíbrio, já que nem a escassez nem tampouco o excedente são interessantes para a economia. Entre as diversas formas de intervenção, podemos citar como exemplos o estabelecimento de impostos, a política de preços mínimos na agricultura e o tabelamento de preços.

Gráfico 3.2 – Equilíbrio de mercado

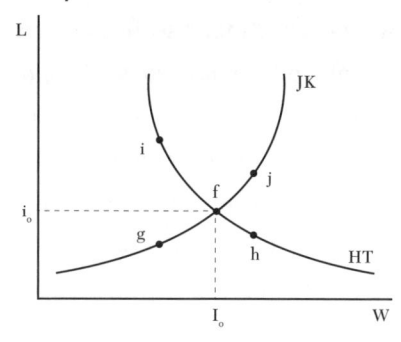

Conforme o Gráfico 3.2, os pontos nos quais as curvas se encontram representam o equilíbrio de mercado. Vamos considerar que a curva JK se relaciona à oferta de bens e serviços e a curva HT, à procura dos bens e serviços. O eixo L indica o nível dos preços e o eixo W, as quantidades. Veja que a curva JK, indicadora da oferta de bens e serviços, é ascendente, o que produz um aumento de quantidades à medida que aumentam os preços. Na curva HT, por sua vez, vemos a diminuição das quantidades à medida que os preços aumentam, uma vez que ela se relaciona com a procura dos bens e serviços ofertados.

3.5 Externalidades ou economias externas

Existem diferentes formas de se analisarem os resultados obtidos por uma empresa. Uma delas é a análise contábil, por meio da qual os custos são explicitados, ou seja, são conhecidos e apontados, mostrando sempre um resultado monetário apurado, que é externado e contabilizado no balanço da empresa.

Há também a possibilidade de análise que toma por base aquilo que a empresa poderia ganhar se fizesse um uso alternativo do investimento, o chamado *custo de oportunidade*. Este não é apontado no balanço, sendo, portanto, um custo implícito, já que não existe um desembolso monetário real por parte da empresa. Os custos de oportunidade são estimativas da rentabilidade deste ou daquele investimento alternativo, ou seja, quanto a empresa estaria ganhando se investisse, por exemplo, o capital que fica parado no caixa, ou o ganho dos proprietários ou acionistas se eles aplicassem seu dinheiro em uma atividade diferente.

Um conceito importante, no contexto de análise, é o de *externalidade*, que, segundo Vasconcellos e Garcia (2004), são os custos e benefícios para a sociedade e para as empresas advindos da produção delas próprias: são as alterações nos custos e nas receitas derivados de fatores externos.

A externalidade apresenta uma diferença entre a avaliação social e a privada. Na avaliação privada, o fator principal da análise é a maximização do lucro da empresa, ou seja, ela parte de uma óptica privada. Na avaliação social, levam-se em conta todos os benefícios ou custos que uma empresa traz para determinada localidade.

A externalidade positiva apresenta os benefícios que uma unidade econômica cria para outras unidades ou indivíduos sem receber nada por isso. Na avaliação privada, poderia ser o treinamento de mão de obra por uma empresa, o qual pode ser útil para outra, quando o empregado se desligar da primeira. Na avaliação social, poderia ser, por exemplo, o quanto um trabalhador vai dinamizar o comércio da região.

A externalidade negativa apresenta os custos que uma unidade econômica cria para outras unidades ou indivíduos sem pagar nada por isso. Exemplos disso seriam a poluição de um rio por uma indústria, o que prejudica a atividade pesqueira, ou os congestionamentos na saída do trabalho, que prejudicam a mobilidade, causando prejuízos para quem estiver utilizando essas vias de acesso.

Para Vasconcellos e Garcia (2004), as externalidades fornecem uma base econômica para a criação de diversas leis, como a de proteção ambiental, por exemplo. Normalmente, é diante das externalidades que surge a regulamentação de mercado, importante por coibir os abusos de propriedade, os excessos de preços, a falta de qualidade e a informação incompleta ou não adequada dos produtos e serviços oferecidos. Para Anuatti Neto (2004, p. 230), a regulamentação de mercado é o "conjunto de regras particulares ou de ações específicas implementadas por agências administrativas, para interferir diretamente no mecanismo de alocação de mercado ou, indiretamente, para alterar as decisões de oferta e demanda de consumidores e produtores".

Em geral, cada setor dispõe de uma regulamentação específica, feita por associações ou agências reguladoras, que são responsáveis por fiscalizar e regular as empresas de cada setor, além de assegurar e defender o direito dos consumidores.

Diante da competição acirrada entre as empresas, a regulamentação mostra-se importante, já que o mercado precisa não apenas de regras que conduzam seu funcionamento, mas também de agências reguladoras e instrumentos que vigiem e aparelhem essa regulamentação.

Os mercados, de acordo com Anuatti Neto (2004), são combinações sociais conduzidas por regras gerais, que asseguram os direitos de propriedade e a troca entre as pessoas, além de promulgar códigos específicos destinados a direcionar essas relações de trocas entre todos os envolvidos. Esse sistema de mercado pretende certificar-se de que o uso dos recursos disponíveis para a produção de bens e serviços acontece de forma eficiente. A regulamentação, por sua vez, pressupõe a existência de falhas de mercado, o que requer acompanhamento e direcionamento para os danos dali advindos, ainda que pequenos. Ainda conforme Anuatti Neto (2004), os instrumentos de regulamentação de mercado, de modo geral, podem ser classificados como **comando e controle** e **incentivos financeiros**.

A classe comando e controle (C; C) engloba instrumentos ligados ao uso de regulamentações e sanções, os quais incluem todas as regras particulares praticadas por agências governamentais, normalmente criadas para fins bem específicos. Os incentivos financeiros (IF), por sua vez, relacionam-se às transferências de recursos que podem ocorrer por meio de impostos ou subsídios financeiros. Vamos exemplificar esses dois instrumentos: uma transferência de recursos por meio de impostos ou subsídios é um incentivo financeiro; já uma sanção ou uma restrição por meio de uma regra é uma ação de comando e controle.

As regulamentações de mercado são de responsabilidade do governo. No Brasil, a partir da promulgação da Constituição Federal de 1988, novas legislações foram criadas. Considerando o setor turístico, o instrumento de comando e controle (C; C) é representado pelas agências governamentais responsáveis pela regulamentação do setor, as quais também realizam a fiscalização e outras atividades de controle. No Brasil, o órgão responsável pelo setor turístico é o Ministério do Turismo, criado em 2003. Já no panorama mundial, o órgão responsável pelo turismo é a Organização Mundial do Turismo (OMT), que conta com regulamentos, atribuições e dados teóricos e estatísticos do turismo em diversos países, de forma a poder traçar e fornecer diretrizes para o turismo internacionalmente.

O Ministério do Turismo é uma estrutura de planejamento, de fiscalização e de controle das atividades turísticas no Brasil. O Instituto Brasileiro de Turismo (Embratur), estrutura pertencente ao ministério, foi criado em 18 de novembro de 1966. Ele se responsabiliza pela promoção, pelo *marketing* e pela comercialização dos destinos e serviços turísticos brasileiros no mercado internacional. Todas as ações do Embratur estão pautadas no Plano Nacional de Turismo. A partir da criação do ministério, em 2003, o Embratur teve suas atribuições direcionadas para a promoção internacional do turismo, com foco na ampliação do fluxo internacional para o Brasil, visando aos incrementos econômico e social do país mediante a atividade turística.

Plano Nacional de Turismo: orientações e diretrizes estratégicas que determinam e direcionam o desenvolvimento da atividade turística no país por determinado tempo. O documento resulta em um esforço integrado da iniciativa privada, do Poder Público e de entidades relacionadas ao turismo.

Para saber mais
Acesse o seguinte *site* sobre o atual Plano Nacional de Turismo:
BRASIL. Ministério do Turismo. **Plano Nacional de Turismo.** Disponível em: <http://www.turismo.gov.br/turismo/o_ministerio/plano_nacional>. Acesso em: 20 nov. 2013.

As outras atividades ligadas ao turismo, como é o caso dos transportes, da alimentação e da acomodação, também contam com agências governamentais reguladoras. A Agência de Aviação Civil (Anac) é a agência responsável pelo transporte aéreo de passageiros; a Agência Nacional de Transportes Terrestres (ANTT) é a responsável pelos transportes terrestres; a Agência Nacional de Vigilância Sanitária (ANVS) é a responsável pela área de alimentação. Existem também agências não governamentais, como os sindicatos e as federações, tanto os que representam os trabalhadores quanto os que representam as empresas. A Associação Brasileira de Agências de Viagens (Abav) é um exemplo de agência patronal. Outro exemplo é o Sindicato Patronal das Empresas Aéreas Nacionais (SNEA).

Para saber mais
Para aprofundar seus conhecimentos sobre as instituições relacionadas ao turismo, visite os seguintes *sites*:
> OMT – Organização Mundial do Turismo. *Site* em inglês. Disponível em: <http://www2.unwto.org>. Acesso em: 20 nov. 2013.

> BRASIL. Ministério do Turismo. Disponível em: <http://www.turismo.gov.br>. Acesso em: 20 nov. 2013.
> EMBRATUR. Instituto Brasileiro de Turismo. Disponível em: <http://institucional.turismo.gov.br>. Acesso em: 20 nov. 2013.

Síntese

Neste capítulo, oferecemos um olhar sobre as firmas, entendendo-as como unidades econômicas interessadas em obter receitas, oferecendo produtos e serviços ao menor custo possível. Por isso, tratamos com muito destaque os custos empresariais, pois sabemos que eles definem as receitas das empresas.

As estruturas de mercado foram, enfatizamdo-se sua importância no delineamento de estratégias de mercado, já que tais estruturas são cruciais para a competitividade das empresas. Há de se entender a competitividade como salutar, à medida que obriga as empresas a um posicionamento de mercado, não sendo diferente para as empresas do turismo.

As externalidades apresentaram-se como tema relevante por oferecerem subsídios para as leis e para a regulamentação do mercado.

Já o comportamento das firmas foi tratado de modo que você entendesse que a atividade turística é um meio para que as empresas consigam obter resultados satisfatórios na atividade econômica que desenvolvem.

Questões para revisão

1. Um fator de produção é todo o bem ou serviço que colabora para a fabricação de um produto. Entendemos a produção como uma ação que transforma tudo aquilo que as firmas adquirem em produtos ou serviços para venda. Quanto à formação dos fatores de produção, considere as afirmativas a seguir e, em seguida, selecione a opção que corresponde à alternativa verdadeira.

   I. Os fatores de produção, além da tecnologia, da capacidade empresarial e das reservas naturais, são formados por um segmento da população total, delimitado pela idade em que se apresenta apta para o trabalho e pelos recursos de capital, formados pela combinação de instrumentos e elementos de infraestrutura que dão suporte às operações de produção.

   II. A tecnologia, embora importante, não é um fator definitivo para a produção de bens e serviços, já que é a capacidade empresarial que movimenta e impulsiona os recursos de uma economia. Por isso, a mobilização de recursos para o empreendedorismo elimina a necessidade de investimentos substanciais em tecnologia.

   III. As reservas naturais são os elementos da natureza disponíveis para o processo primário de produção. Para participarem da produção, não basta que existam em quantidade, já que são efetivamente um fator de produção, à medida que haja condições para seu conhecimento e seu aproveitamento.

a) As afirmativas I, II e III são verdadeiras, já que todas indicam a importância dos fatores como definitiva à produção de bens e serviços.

b) A alternativa II é falsa, uma vez que a tecnologia é um fator que define a produção dos bens e serviços em uma economia. Tanto a tecnologia quanto a capacidade empreendedora são importantes para a produção.

c) A alternativa III afirma que as reservas naturais somente poderão ser consideradas como fator de produção se houver seu conhecimento e seu aproveitamento, o que não é verdadeiro, já que não há necessidade de recursos naturais para a produção de bens e serviços, bastando a existência da matéria-prima.

2. Ao tomar uma decisão com relação ao preço de um serviço ou produto, a empresa traça uma estratégia de preços, a qual estará sujeita aos efeitos de diversos fatores, que podem ser internos ou externos a ela. Quando os fatores são internos, denominam-se *endógenos*, quando externos, *exógenos*. Relacione a primeira coluna com a segunda, considerando esses fatores.

1. Fator endógeno   ( ) Fenômenos naturais
2. Fator exógeno   ( ) Estratégias dos fornecedores
                               ( ) Redução dos custos internos
                               ( ) Melhoria no processo produtivo
                               ( ) Políticas do governo
                               ( ) Treinamento de funcionários

3. O equilíbrio de mercado acontece quando a quantidade de bens e serviços ofertada pelas empresas está adequada à quantidade procurada pelos consumidores. Quando não existe essa adequação, o governo faz interferências, já que o desequilíbrio pode apresentar riscos para a economia. Explique quais são os riscos oferecidos pelo desequilíbrio de mercado e como o governo interfere neste.

4. Considerando o interesse público no turismo, relacione os órgãos à sua responsabilidade e competência com relação ao desenvolvimento da atividade turística no Brasil.

1. Ministério do Turismo	( ) Responsável pela promoção, pelo *marketing* e pelo apoio à comercialização dos destinos e serviços turísticos brasileiros no mercado internacional.
2. Embratur	( ) Agência responsável pelo transporte aéreo de passageiros.
3. Anac	( ) Agência responsável na área de alimentação.
4. ANTT	( ) Agência responsável pelos transportes terrestres.
5. ANVS	( ) Órgão responsável pelo turismo no Brasil.

5. As estruturas de mercado podem ser classificadas em concorrência imperfeita, concorrência perfeita, oligopólio e monopólio. Diferencie essas estruturas, explicando quais as principais características de cada uma delas.

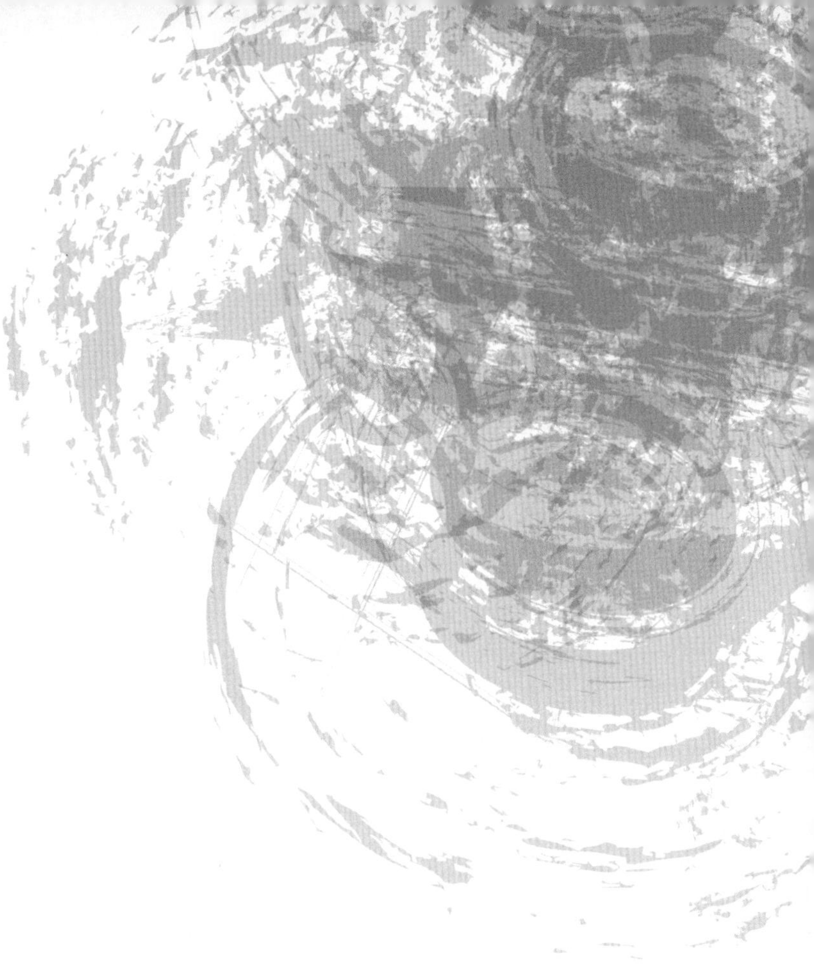

4 a visão macroeconômica de governo e as contas nacionais

conteúdos do capítulo:

> Conceitos fundamentais da teoria macroeconômica.
> Principais agregados de uma economia.
> O produto nacional (PN), a Despesa Nacional (DN) e a Renda Nacional (RN).

após o estudo deste capítulo, você será capaz de:

1. diferenciar microeconomia e macroeconomia;
2. identificar produto nacional, despesa nacional, renda nacional e valor adicionado;
3. distinguir Produto Nacional Bruto (PNB), Produto Nacional Líquido (PNL) e Produto Interno Bruto (PIB);
4. conhecer os indicadores PIB, IDH e índice de Gini.

A macroeconomia apresenta a economia no seu conjunto total, analisando grandes agregados. Para isso, utiliza-se, por exemplo, de análises do produto nacional, da renda nacional e da despesa nacional – assuntos que serão tratados neste capítulo. Serão apresentados também os conceitos fundamentais da teoria macroeconômica e os principais agregados de uma economia. Discutiremos ainda o fluxo circular de renda, mostrando a participação e a importância do turismo na composição desse fluxo, bem como abordaremos os índices macroeconômicos, como o Produto Interno Bruto (PIB).

4.1 Agregados macroeconômicos

A economia faz parte do seu dia a dia, com uma importância definidora para as várias decisões tomadas tanto individualmente quanto no aspecto coletivo. Nos jornais, nas revistas, na internet e na televisão, você se depara com uma enorme gama de informações sobre a economia das pessoas, das empresas, das regiões, do Brasil e do mundo.

Essas informações sempre vêm acompanhadas de indicadores que apresentam algum resultado específico ou alertam para tendências futuras. Podemos afirmar que os indicadores estão vinculados a alguma variável econômica. Tomemos como exemplo a inflação. A taxa de inflação é um indicador bastante conhecido, ligado a uma variável com a qual você, como consumidor, tem contato diário. Observe que, se os preços sobem, o consumidor imediatamente afirma que está havendo inflação. Logo, o indicador **taxa de inflação** está ligado a uma variável fundamental para a econômica, o **nível dos**

preços. Portanto, o aumento dos preços, quando ocorre em toda a economia, indica um aumento na taxa inflacionária.

Como todos nós já temos um conhecimento de economia, podemos facilmente compreender que esta é uma ciência complexa, com amplas e múltiplas ramificações, que utiliza diversos instrumentos para analisar e mensurar da forma mais completa e perfeita possível as implicações dos fenômenos econômicos.

Nós já tratamos de vários ramos ou campos de conhecimento da economia: um pouco de sua história, alguns expoentes do pensamento econômico e o funcionamento microeconômico. Agora estudaremos a macroeconomia, importante campo de estudo para entender o funcionamento global da economia e suas relações com as demais áreas que norteiam nossa maneira de viver.

A microeconomia privilegia o estudo do comportamento das pessoas e das empresas, enfatizando, portanto, o comportamento individual das unidades que compõem um sistema econômico. Para Sandroni (1999, p. 388):

> *Microeconomia é o ramo da ciência econômica que estuda o comportamento das unidades de consumo representadas pelos indivíduos e pelas famílias; as empresas e suas produções e custos; a produção e o preço dos diversos bens, serviços e fatores produtivos. Em outras palavras, a microeconomia ocupa-se da forma como as unidades individuais que compõem a economia – consumidores privados, empresas comerciais, trabalhadores, latifundiários, produtores de bens ou serviços articulares etc. – agem e reagem umas sobre as outras.*

Já a macroeconomia procura compreender e explicar os fenômenos econômicos partindo de agregados, não de unidades.

Isso significa que esse campo da economia analisa o comportamento geral do sistema, ou seja, seu foco é o sistema econômico como um todo. Para Sandroni (1999, p. 388):

Macroeconomia é a parte da ciência econômica que focaliza o comportamento do sistema econômico como um todo. Tem como objeto de estudo as relações entre os grandes agregados estatísticos: a renda nacional, o nível de emprego e dos preços, o consumo, a poupança e o investimento totais. Esse direcionamento fundamenta-se na ideia de que é possível explicar a operação da economia sem que haja necessidade de compreender o comportamento de cada indivíduo ou empresa que dela participam.

O fluxo circular da renda é o ponto de partida para o estudo e o entendimento da macroeconomia. Primeiro, vamos supor que, em uma economia capitalista, existam somente famílias e empresas. Esqueçamos que existe governo ou relação de comércio com outros países. Nesse modelo simples, composto somente por famílias e empresas, existe a relação de troca entre as partes. As famílias, que denominamos *consumidores*, demandam bens e serviços das empresas e adquirem determinadas quantidades de cada um deles a determinado preço. Para adquirir os bens e serviços de que necessitam e pelos quais estão dispostas a pagar, as famílias precisam de recursos, que permitem as relações de troca. Muitas famílias possuem terra ou imóveis para alugar, outras possuem capital investido em banco e obtêm algum rendimento por meio deles, outras, ainda, possuem apenas a mão de obra e a trocam por salários. Veja que esses são os fatores de produção (terra, capital e trabalho) que permitem às famílias terem recursos para adquirir bens e serviços.

As empresas, por sua vez, também adquirem bens e serviços de outras empresas. Além disso, elas precisam vender o que produzem a fim de que tenham recursos para preservar e aumentar sua produção. Assim, as empresas mantêm uma relação de troca tanto com as famílias quanto com outras empresas. A Figura 4.1 representa o fluxo simples circular da renda.

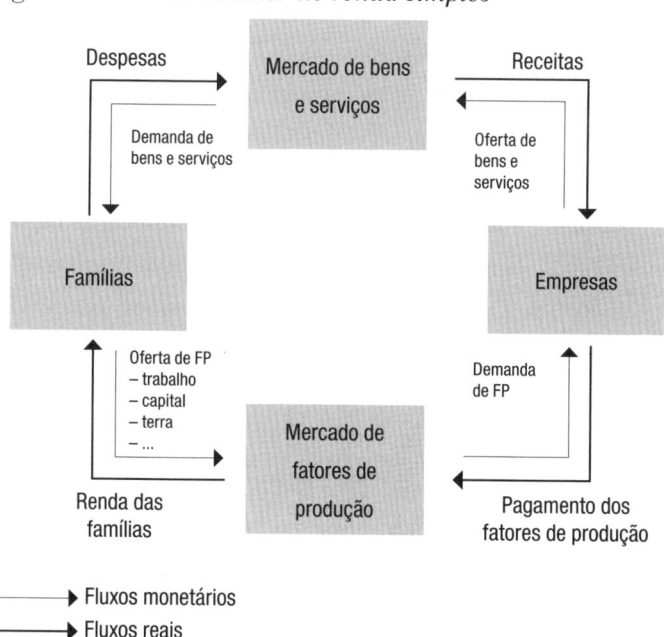

Figura 4.1 – Fluxo circular de renda simples

```
         Despesas          Mercado de bens        Receitas
        ─────────▶         e serviços           ◀─────────
                  Demanda de                Oferta de
                  bens e serviços           bens e
                                            serviços

         Famílias                              Empresas

                  Oferta de FP
                  – trabalho              Demanda
                  – capital               de FP
                  – terra
                  – ...            Mercado de
         Renda das                fatores de
         famílias                 produção       Pagamento dos
                                                 fatores de produção
```

──▶ Fluxos monetários
───▶ Fluxos reais

A figura mostra que ocorrem simultaneamente dois fluxos na economia: um monetário, ou seja, de dinheiro, e outro de produtos, denominado *fluxo real*. Dois mercados se fazem presentes nesses fluxos: o mercado dos fatores de produção, constituído pela mão de obra, pelo capital, pela terra, pela tecnologia e pelo empreendedorismo; e o mercado de bens e serviços, no qual encontramos os produtos e os serviços que as empresas produzem e ofertam aos consumidores. Ora, as famílias disponibilizam sua mão de obra no mercado de fatores de produção, no qual as empresas adquirem aquela que é apropriada às suas necessidades. Em troca dessa mão de obra, as empresas dispõem o quanto irão pagar nesse mesmo mercado, e isso é o que compõe as rendas das famílias. Por outro lado, as famílias vão até o mercado de bens e serviços para adquirir aquilo de que necessitam. Nesse mercado, estão disponíveis os bens e serviços que as empresas produziram. A renda recebida pela mão de obra ofertada às empresas oferece subsídios para que as famílias consigam ter acesso ao mercado de bens e serviços. O que as famílias gastam nesse mercado é o que oferece receitas para que as empresas consigam manter, aumentar ou diversificar o seu nível de produção. O que vemos, portanto, é um fluxo circular, isto é, existe uma relação constante de troca entre as famílias e as empresas.

Mas você pode argumentar: Não existem somente famílias e empresas, existe o governo para quem vai uma parte da nossa renda em forma de impostos!

E responderíamos: Você está certo. Por isso, esse fluxo precisa ser um pouco mais complexo, como o que vem a seguir.

Figura 4.2 – Fluxo circular de renda

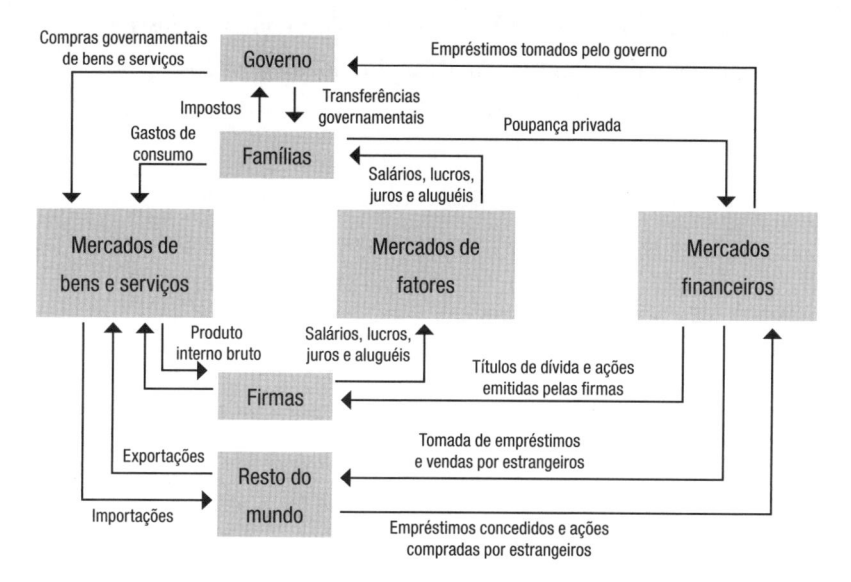

```
Compras governamentais
de bens e serviços        Governo  ◄────── Empréstimos tomados pelo governo
     │                    ▲   │
     │          Impostos  │   │  Transferências
     │          Gastos de │   ▼  governamentais      Poupança privada
     │          consumo   Famílias ◄──────
     ▼             ▼                Salários, lucros,
                                    juros e aluguéis
  Mercados de              Mercados de               Mercados
  bens e serviços          fatores                   financeiros

     ▲         Produto        Salários, lucros, ▲
     │         interno bruto  juros e aluguéis
     │                                              Títulos de dívida e ações
                   Firmas  ◄──────                  emitidas pelas firmas

                                    Tomada de empréstimos
     Exportações                    e vendas por estrangeiros
                   Resto do ◄──────
     Importações   mundo
                                  Empréstimos concedidos e ações
                                  compradas por estrangeiros
```

A Figura 4.2 é mais completa. Além das famílias e das firmas, temos o governo e o resto do mundo. Quanto aos mercados, além do de bens e serviços e do de fatores de produção, há também o financeiro.

A análise prossegue com a mesma certeza de que existe um fluxo contínuo e circular em toda a economia entre os produtos ou serviços e os rendimentos. Ampliamos apenas o rol de relacionamentos. O fluxo circular liga os quatro setores da economia: as famílias, as firmas, o governo e o resto do mundo. Essa conexão acontece por meio dos três tipos de mercados: as famílias recebem das firmas remuneração pelos fatores produtivos, de trabalho, juros e aluguéis. Esse é o mercado de fatores. Após pagar impostos ao governo e receber do governo transferências, que podem vir em forma de serviços ou valores monetários, as famílias utilizam os recursos em gastos de consumo ou em poupança. Nos mercados financeiros, aqueles valores monetários depositados pelas famílias, mais os fundos depositados pelo resto do mundo, são direcionados para gastos em investimentos nas firmas, empréstimos para o governo, concessão de crédito para estrangeiros e transações no mercado de ações, as quais também são realizadas pelos investidores nacionais e estrangeiros. O governo utiliza um certo valor (arrecadado ou emprestado) para pagar a compra de bens e serviços das famílias e das firmas. Finalmente, acontecem transações com o resto do mundo, mediante importações e exportações de bens e serviços, gerando um fluxo monetário e físico entre o país e o resto do planeta.

Observe, então, que o fluxo circular de renda resulta em uma circulação constante de produtos, serviços e valores monetários, que admitem a mensuração e a observação do desempenho macroeconômico de uma economia, levando em conta três pontos fundamentais: o **Produto Nacional (PN)**, a **Despesa Nacional (DN)** e a **Renda Nacional (RN)**.

Vamos dar mais atenção a esses três pontos, conceituando e explicando cada um deles.

O **Produto Nacional (PN)** é definido como "o valor de todos os bens e serviços finais, medidos a preços de mercado, produzidos num dado período de tempo" (Vasconcellos; Garcia, 2004, p. 101). É importante observar que o PN se expressa sempre em valores monetários, por isso ouvimos expressões como: "o produto nacional brasileiro correspondeu a R$ 4 trilhões em 2012". Os valores monetários correspondentes ao PN levam em conta somente os produtos e serviços finais, nunca os intermediários, para que não exista uma dupla contagem nos valores. Essa somatória de valores sempre é realizada considerando determinado período de tempo, de modo que permite análises e comparações da economia do país.

O **valor adicionado** ou **valor agregado** é o valor que se soma ao produto à medida que ele é produzido, ou seja, em cada estágio de produção. Ao somar somente o valor adicionado, chega-se ao produto final de uma economia.

Despesa Nacional (DN) "é o gasto dos agentes econômicos com o produto nacional. Revela quais são os setores compradores do produto nacional" (Vasconcellos; Garcia, 2004, p. 102). Dessa forma, o valor da DN se iguala ao PN, mudando apenas a óptica de análise, já que na DN apresenta-se a somatória geral de quem adquiriu o produto ou serviço, e não de quem vendeu, como no caso do PN. O PN é vendido para as famílias, para as empresas, para os governos e para o exterior, portanto, a somatória do gasto desses quatro agentes totaliza a DN. É importante destacar que, no caso do exterior, utiliza-se a somatória das exportações menos a somatória das importações, pois o que nos interessa é o resultado de todas as transações para compor a DN.

Renda Nacional (RN) "é a soma de todas as rendas monetárias recebidas pelos indivíduos de um país, ao longo de determinado período de tempo" (Lage; Milone, 2001, p. 122). Por meio desse conceito, é possível medir o tamanho da economia, levando em conta os salários, os juros, os aluguéis e os lucros obtidos pelos indivíduos de um país. Novamente, é uma forma de medição que dará resultado igual ao da DN ou do PN, apenas levando em conta outro ponto de vista, o do recebimento de valores monetários.

Conforme Vasconcellos (2002, p. 209) "o produto nacional é dividido em bens de consumo e bens de investimento". Bens de consumo são aqueles produtos ou serviços que apresentam um fim em si mesmo.

Bens: tudo o que tem utilidade, podendo satisfazer uma necessidade ou suprir uma carência. Os bens econômicos são aqueles relativamente escassos ou que demandam trabalho humano. Assim, o ar é um bem livre, mas o minério de ferro é um bem econômico. Existem vários tipos de bens econômicos, que podem ser distinguidos por sua natureza, por sua função na produção, por suas relações com outros bens, por suas peculiaridades no que se refere à comercialização etc. Entre as principais distinções feitas pelos economistas estão: os bens de consumo (um alimento, um par de sapatos) os bens de capital ou de produção (máquinas, equipamentos); os bens duráveis (uma casa); os bens não duráveis (uma fruta); os bens mistos (um automóvel é bem de capital para um motorista de táxi e bem de consumo para a pessoa que o usa por prazer); os bens necessários (alimentos, roupas); os bens supérfluos (uma joia); os bens complementares (pneu e volante de automóvel); e os bens sucedâneos (margarina em relação à manteiga) (Sandroni, 1999, p. 51).

Os bens de investimentos, por sua vez, não são consumidos, mas participam do processo produtivo objetivando o aumento da produção e da riqueza. O investimento é um fator decisivo para o entendimento da dinâmica da economia. Sandroni (1999, p. 308) esclarece que, *em sentido estrito, em economia, investimento significa a aplicação de capital em meios que levam ao crescimento da capacidade produtiva (instalações, máquinas, meios de transporte), ou seja, em bens de capital. Por isso, considera-se também investimento a aplicação de recursos do Estado em obras muitas vezes não lucrativas, mas essenciais por integrarem a infraestrutura da economia (saneamento básico, rodovias, comunicações).*

Investimentos são importantes para o desenvolvimento econômico de um país porque o dinamismo da economia exige constantes aplicações em itens que permitam que ela se expanda, não somente no âmbito do consumo, mas também no que diz respeito à capacidade de entender a evolução qualitativa da população.

Um importante componente dos indicadores econômicos, e que merece explicação, é a **depreciação**.

Depreciação: diminuição do valor ativo em decorrência da deterioração pelo uso, da obsolescência tecnológica ou da redução de preço de mercado, principalmente em máquinas, equipamentos e edificações.

A depreciação é o valor abatido dos bens de capital no decorrer do tempo, tendo em vista o desgaste pela ação do tempo ou pelo uso. O valor de depreciação tenta, de modo objetivo, restituir os custos sofridos pelos bens na forma de reposição.

> **Bens de capital**: são bens que servem para a produção de outros bens, especialmente os de consumo, tais como máquinas, equipamentos, material de transporte e instalações de uma indústria. Alguns autores usam a expressão **bens de capital** como sinônimo de **bens de produção**; outros preferem usar a última para designar algo mais genérico, que inclui ainda os bens intermediários (matéria-prima depois de algumas transformações, como o aço) e as matérias-primas (Sandroni, 1999, p. 51, grifo nosso).

Assim, por exemplo, uma agência de viagem deve entender que seus computadores têm um tempo de vida útil, ao fim do qual devem ser trocados ou necessitam de investimentos para que sejam usados. Esse intervalo de tempo costuma ser de cinco anos, o que implica uma taxa de depreciação de 20% ao ano, ou seja, ao fim de cinco anos, o proprietário da agência de viagens deveria ter acumulado o valor equivalente a um computador, permitindo a troca do antigo. O tempo de vida útil e o percentual de depreciação são estabelecidos pela Receita Federal. Sua base legal é dada pelas Instruções Normativas SRF n. 162, de 31 de dezembro de 1998 (Brasil, 1999b), e n. 130, de 10 de novembro de 1999 (Brasil, 1999a), que estabelecem o prazo de 25 anos para edifícios, 10 anos para máquinas e equipamentos, 5 anos para veículos, 10 anos para móveis e utensílios, entre outros.

Para saber mais

Para saber quais são as taxas de depreciação relativas a todos os bens, acesse os seguintes *sites*:

BRASIL. Receita Federal. Secretaria da Receita Federal. Instrução Normativa n. 130, de 10 de novembro de 1999. **Diário Oficial da União**, Brasília, 11 nov. 1999. Disponível em: <http://www.receita.fazenda.gov.br/Legislacao/ins/Ant2001/1999/in13099.htm>. Acesso em: 21 nov. 2013.

BRASIL. Receita Federal. Secretaria de Receita Federal. Instrução Normativa n. 162, de 31 de dezembro de 1998. **Diário Oficial da União**, Brasília, 7 jan. 1999. Disponível em: <http://www.receita.fazenda.gov.br/Legislacao/ins/Ant2001/1998/in16298.htm>. Acesso em: 21 nov. 2013.

Com os conceitos de RN, PN e DN, é possível derivar os conceitos de **Produto Nacional Bruto (PNB)**, **Produto Nacional Líquido (PNL)** e **Produto Interno Bruto (PIB)**, este último muito difundido e comentado pelos meios de comunicação.

O PNB é a soma de todos os bens e serviços finais produzidos por uma economia, os produtos e bens finais produzidos a título de depreciação e também a riqueza produzida pelos agentes nacionais que estejam operando fora do país. Assim, nesse cálculo, as riquezas daqueles que estão atuando fora do país e as enviam do exterior para o país de origem também estão inclusas. Considerando, por exemplo, o PNB do Brasil de 2012, ele representa o total da produção de bens e serviços finais dos brasileiros, independentemente do fato de eles serem produzidos dentro ou fora do território brasileiro.

O PNL é a soma de todos os bens e serviços finais produzidos por uma economia, não importando se seus agentes econômicos estejam operando dentro ou fora do país, menos a depreciação dos bens de capital ao longo de sua vida útil. Logo, o PNL é o mesmo que o PNB menos a depreciação.

O PIB é a somatória de todos os bens e serviços finais produzidos dentro das fronteiras de um país. O conceito do PIB não considera as riquezas recebidas do exterior por agentes econômicos que atuam fora do país. Também não desconta as rendas enviadas ao exterior, por isso o qualitativo de interno.

Você deve ter percebido a diferença entre PIB e PNB. O PNB desconta as rendas enviadas pelos cidadãos de outros países e considera as rendas recebidas do exterior por nacionais, por isso o termo *nacional* em sua nomenclatura. O PNB é o indicador mais utilizado nos Estados Unidos.

No Brasil, o indicador mais utilizado é o PIB. Normalmente, esse índice é maior que o PNB, já que as empresas transacionais que atuam no Brasil enviam grande parte de seus lucros para o país de origem, e, como vimos, o PIB não desconta esses valores. Já os Estados Unidos, ao contrário, conta com um grande número de empresas com atuação global, recebendo, portanto, os lucros dessas empresas, o que aumenta o seu PNB, tornando-o maior que o valor do PIB.

4.2 Índices macroeconômicos

Vamos identificar três indicadores bastante utilizados na economia. Você com certeza já ouviu falar deles: o PIB, o Índice de Desenvolvimento Humano (IDH) e o Índice de Gini (IG).

Vejamos agora o que cada um deles busca medir, de modo a apresentar parâmetros da economia de determinada localidade, região ou nação.

4.2.1 Produto Interno Bruto (PIB): uma medida de produção

O principal indicador econômico de um país é seu PIB, que reflete o total dos bens e serviços que a nação produz durante um período mensal, semestral ou anual. Seu resultado é referência para tomadas de decisão sobre diversas medidas econômicas a serem adotadas. Quando a variação do PIB é positiva, há crescimento. Portanto, se comparamos o PIB de um ano com o de outro e, nessa comparação, o PIB do ano anterior for inferior ao atual, dizemos que houve crescimento. Quando o resultado é inferior, isto é, quando o ano atual apresenta um PIB menor do que o do ano anterior, dizemos que houve recessão.

> **Recessão:** situação na qual ocorre um declínio das atividades econômicas, assinalada pela queda da produção, pela ampliação do desemprego, pela diminuição da taxa de lucros e pelo aumento das concordatas e falências empresariais.

O PIB pode ser calculado sob três aspectos, de acordo com Sandroni (1999, p. 263). Pelo aspecto da produção, o valor do PIB apresenta a soma dos valores líquidos agregados, correspondentes aos setores primário, secundário e terciário da economia, acrescidos dos impostos indiretos e da depreciação do capital e subtraídos os subsídios governamentais.

Pelo aspecto da renda, consideram-se todas as remunerações pagas dentro de um país, na forma de salários, juros, aluguéis ou distribuição de lucros. A essas remunerações, acrescentam-se os impostos indiretos, a depreciação do capital e os lucros não distribuídos, caso em que também se excluem os subsídios. Pelo aspecto do dispêndio, também denominado *despesa interna bruta*, somam-se todos os gastos das famílias e do governo, acrescentando-se as variações dos estoques e as exportações, excluindo-se da quantia as importações, tanto de mercadorias quanto de serviços.

4.2.2 Índice de Desenvolvimento Humano (IDH): uma medida de bem-estar

O IDH relaciona indicadores de riqueza, alfabetização, educação, esperança de vida e natalidade, comparando-os com o de outros países, com a intenção de medir o bem-estar de uma população, com ênfase especial às crianças. Esse índice é divulgado pelo programa das Nações Unidas para o Desenvolvimento (PNUD) em relatório anual. O seu coeficiente varia de 0 a 1. Quanto mais próximo de 1, maior o IDH no país; quanto mais próximo de 0, menor o IDH apresentado. São considerados países com desenvolvimento humano baixo aqueles que apresentam um resultado de até 0,499. Os países que apresentam resultados entre 0,500 até 0,799 são considerados de desenvolvimento humano médio, e os que apresentam resultado superior a 0,800 demonstram desenvolvimento humano elevado.

Questão para reflexão

Pesquise o atual IDH do Brasil e reflita sobre como o desenvolvimento da atividade turística pode contribuir para a melhora desse índice. Lembre-se de que ele relaciona indicadores de riqueza, alfabetização, educação, esperança de vida e natalidade. Por isso, a questão que se levanta é: Ao desenvolver a atividade turística em uma localidade, como o turismo deve ser planejado e implementado para propiciar a melhora do índice de desenvolvimento humano naquele local?

4.2.3 Índice de Gini (IG): uma medida de concentração de renda

O IG, criado pelo matemático italiano Conrado Gini, é uma ferramenta que permite mensurar o grau de concentração de renda em grupos determinados de população ou países. Ele mostra a diferença entre os ganhos dos mais pobres e dos mais ricos, variando numericamente de 0 a 1, no qual o valor 0 demonstra uma situação de igualdade entre as diversas camadas populacionais, enquanto o valor 1 sinaliza maior concentração de riqueza na mão de poucos, denotando uma maior desigualdade entre ricos e pobres, o que significa maior desigualdade social. Assim, quanto mais próximo de 0 for esse índice em determinado país, mais igualitária é a sua distribuição de renda, ou seja, todos os habitantes possuem uma renda semelhante. Ao contrário, quanto mais próximo de 1 for o índice, maior a disparidade de renda em um país, significando que apenas um pequeno grupo detém a maior parcela de renda. Na prática, o IG costuma comparar os 20% mais pobres com os 20% mais ricos de um determinado país.

Síntese

Apresentamos neste capítulo o conceito de macroeconomia, de modo que você consiga diferenciá-lo do conceito de microeconomia, estudado anteriormente. Os agregados econômicos são a base para a compreensão da macroeconomia. Por isso, você deve conhecer quais são eles e o que cada um representa na economia de um país.

Apresentamos também a ideia de fluxo circular de renda. Lembre-se de que esse fluxo é um modelo complexo das relações entre os diversos agentes econômicos de um país.

Por fim, abordamos o significado e o que exatamente buscam medir três indicadores econômicos bastante citados nos meios de comunicação: o PIB, o IDH e o IG.

Questões para revisão

1. A mensuração e a observação do desempenho macroeconômico de uma economia levam em conta o Produto Nacional (PN), a Despesa Nacional (DN) e a Renda Nacional (RN). Relacione cada agregado macroeconômico com a sua descrição:

1. Produto Nacional ( ) O gasto dos agentes econômicos com o Produto Nacional. Revela quais são os setores compradores do produto nacional.

2. Despesa Nacional ( ) A soma de todas as rendas monetárias recebidas pelos indivíduos de um país ao longo de determinado período.

3. Renda Nacional ( ) O valor de todos os bens e serviços finais, medidos a preço de mercado e produzidos em dado período.

2. Esclareça qual a diferença entre os conceitos de Produto Nacional Bruto (PNB) e Produto Interno Bruto (PIB).

3. Com relação ao Índice de Desenvolvimento Humano (IDH), assinale a alternativa **incorreta**:

a) Esse índice relaciona indicadores de riqueza, alfabetização, educação, esperança de vida e natalidade de um país ou de uma região.

b) Esse índice considera a escala de valores de 0 a 1, segundo a qual, quanto mais próximo de 1, maior o índice de desenvolvimento humano, e quanto mais próximo de zero, menor o índice.

c) São considerados países com desenvolvimento humano baixo aqueles que apresentam um resultado no IDH de até 0,499. Já os que apresentam resultado superior a 0,800 demonstram desenvolvimento humano elevado.

d) Os países com IDH próximos de 1 apresentam, normalmente, problemas relativos à falta de educação básica e de saneamento básico, o que influencia o tempo de vida e as taxas de mortalidade entre os recém-nascidos.

4. Relacione os três aspectos pelos quais se pode medir o PIB com o seu correto enunciado.

1. Aspecto de produção

2. Aspecto de renda

3. Aspecto de dispêndio

( ) O valor do PIB considera a somatória de todos os gastos das famílias e do governo, acrescentando-se as variações de estoques e as exportações e excluindo-se as importações, tanto de mercadorias quanto de serviços.

( ) O valor do PIB apresenta a soma dos valores agregados líquidos correspondentes aos setores primário, secundário e terciário da economia, acrescidos dos impostos indiretos e da depreciação do capital e subtraídos os subsídios governamentais.

( ) O valor do PIB considera todas as remunerações pagas dentro de um país, podendo ser em forma de salários, juros, aluguéis ou distribuição de lucros. A essas remunerações, acrescentam-se os impostos indiretos, a depreciação do capital e os lucros não distribuídos, excluindo-se os subsídios.

5. Considerando o fluxo circular de renda, como a movimentação tanto dos recursos monetários quanto dos bens e serviços em uma economia, explique o comportamento do turismo como parte integrante desse fluxo macroeconômico.

5
políticas macroeconômicas

conteúdos do capítulo:

> Os objetivos das políticas macroeconômicas.
> A inflação.
> Os instrumentos de política macroeconômica.
> A taxa de câmbio.

após o estudo deste capítulo, você será capaz de:

1. compreender os objetivos das políticas macroeconômicas;
2. definir o que é inflação;
3. distinguir os tipos de inflação e reconhecer sua influência para a economia;
4. identificar os instrumentos utilizados para atingir os objetivos das políticas macroeconômicas;
5. explicar o que é a taxa de câmbio.

O tema deste capítulo são as políticas macroeconômicas e seus instrumentos. Abordaremos assuntos bastante pertinentes ao turismo, como a inflação e a taxa de câmbio, distinguindo os tipos de inflação a fim de fazê-lo compreender a influência desse fenômeno na economia. A taxa de câmbio será tratada com ênfase na sua importância para o turismo. Assim, o capítulo está dividido em três partes, de forma a propiciar a você a compreensão do que vem a ser a política econômica, quais são os seus objetivos e que instrumentos são utilizados para que ela apresente os resultados desejados.

5.1 Políticas macroeconômicas e seus instrumentos

As políticas macroeconômicas objetivam alcançar um alto nível de emprego, estabilidade de preços, distribuição de renda e crescimento econômico. Para Lopes e Rossetti (1995) e também para a Equipe de Professores da Universidade de São Paulo (USP) e seu Manual de Economia (Pinho; Vasconcelos, 2003), consideram-se as questões de emprego e estabilidade de preços conjunturais, ou seja, são análises de curto prazo, já que são bastante sensíveis às políticas e aos instrumentos passíveis de serem adotados. Por outro lado, as questões de distribuição de renda e crescimento econômico são consideradas estruturais, já que não envolvem somente a política econômica e seus instrumentos, mas dependem de fatores institucionais, sociais e tecnológicos, todos com características de aplicabilidade a longo prazo.
Veremos, a partir de agora, quais são os objetivos de política macroeconômica.

De forma imediata, a teoria macroeconômica busca resolver os problemas conjunturais, isto é, aqueles que apresentam aspectos de curto prazo. Trata, portanto, de questões ligadas ao nível de emprego e à estabilidade de preços. Em se tratando de questões de longo prazo, a parte da teoria econômica que atenta a isso é chamada de *teoria do desenvolvimento e crescimento econômico* e busca dar respostas às questões estruturais, que não abarcam somente os instrumentos de política econômica, mas também fatores como qualificação da mão de obra, tecnologia, distribuição de renda, qualidade de vida, entre outros.

5.2 Os objetivos da política macroeconômica

Os objetivos principais da política macroeconômica são a sustentação do alto nível de emprego, a conservação da estabilidade de preços, a adequação e a distribuição de renda mais justa entre as diversas camadas da sociedade e a alavancagem do crescimento econômico.

Quando são utilizados instrumentos com a finalidade de atender aos objetivos de combate à inflação e à promoção de emprego, dizemos que está em curso uma política de estabilização. Já o crescimento econômico e a distribuição de renda exigem uma abordagem estrutural, com enfoque a longo prazo (Simonsen; Cysne, 2000).

Quando falamos em alavancar o nível de emprego em uma economia, a figura de Keynes e seu livro *Teoria geral do emprego, do juro e da moeda*, de 1936, é definitiva. O autor forneceu aos governantes vários instrumentos para a recuperação e a estabilização do nível de emprego. Sua obra é tão relevante, que muitos consideram sua contribuição revolucionária, impactando a teoria macroeconômica de forma definitiva.

John Maynard Keynes (1883-1946)

Crédito: Latinstock

John Maynard Keynes nasceu na cidade de Cambridge, na Inglaterra, em 5 de junho de 1883. Foi economista e empresário. Filho de intelectuais britânicos, Keynes estudou no famoso Colégio Eton, da aristocracia inglesa, onde logo se destacou em matemática. Aos 19 anos, Keynes passou a estudar no King's College, da Universidade de Cambridge, onde teve aulas com o respeitado economista Alfred Marshall.

Após concluir seus estudos, em 1906, Keynes torno-se funcionário público do Ministério dos Negócios das Índias e passou dois anos na Ásia. Em 1908, retornou para Cambridge, onde passou a ocupar o cargo de professor de Economia até o ano de 1915. Keynes ingressou no Tesouro

Britânico em 1916, exercendo diversos cargos importantes. Após a Primeira Guerra Mundial, foi encarregado de chefiar a delegação britânica nas negociações de paz em Paris, mas, em 1919, renunciou ao cargo, justificando seu afastamento com a publicação de seu primeiro livro: *The Economic Consequences of the Peace* (*As consequências econômicas da paz*). Após a publicação do livro, seu trabalho ganhou notoriedade em praticamente todas as nações capitalistas. Em 1932, Keynes também escreveu *Tratado sobre a reforma econômica*. *A teoria geral do emprego, do juro e da moeda*, sua última obra, considerada a mais importante, foi publicada em 1936.

Na década de 1920, Keynes permaneceu afastado dos cargos oficiais. Em 1925, casou-se com Lydia Lopokova, famosa bailarina russa da companhia Diaghilev. Anos depois, em 1942, recebeu o título de Barão de Tilton. Além disso, pertenceu ao famoso grupo de Bloomsburry, formado por intelectuais e aristocratas.

Durante a Segunda Guerra Mundial, Keynes se reincorporou ao Tesouro Britânico. Em 1944, chefiou a delegação britânica na Conferência de Bretton Woods, a partir da qual se originaram o Fundo Monetário Internacional (FMI) e o Banco Mundial. Faleceu anos mais tarde, no dia 21 de abril de 1946, vítima de um ataque cardíaco.

Vamos entender Keynes, sua obra e sua importância.

Primeiro, devemos lembrar que esse autor viveu em uma época de crise. Na década de 1930, a economia mundial atravessava uma crise sem precedentes: a Grande Depressão. Os principais países capitalistas passavam por uma crise, apresentando taxas de desemprego nunca antes vistas. As medidas adotadas pelos governos, até aquele momento, demonstra uma postura imediatista dos Estados, que acreditavam que a crise era um problema temporário. A teoria geral de Keynes trouxe outras propostas, mostrando que as decisões tomadas até então não funcionavam diante do contexto e da gravidade da situação mundial. Para o economista inglês, o principal fator responsável pelo emprego é o nível de produção de um país. Ora, o nível de produção é determinado pelo nível de demanda. Portanto, se houver demanda, haverá produção, e, se houver produção, haverá emprego. Isso acontece de forma cíclica.

Diante de uma incapacidade produtiva, ou seja, diante da baixa produção pela falta de consumo, Keynes propôs que o governo interviesse na forma de um aumento dos gastos públicos. Para ele, não existe uma economia autorregulável, de modo que o governo precisa sempre intervir, contradizendo o pensamento vigente da época, que era a crença no *laissez-faire*. Segundo Keynes, o governo deveria agir como um consumidor, adquirindo produtos ou serviços do mercado, dinamizando, assim, a economia, já que isso aumentaria a necessidade de se produzir, o que geraria um maior número de empregos, acarretando no pagamento da mão de obra, ação que, por sua vez, aumentaria o consumo dos trabalhadores, gerando um ciclo de produção e consumo.

Laissez-faire: expressão que simboliza o liberalismo econômico, exprimindo uma versão pura do capitalismo, na qual o mercado deve funcionar sem qualquer tipo de interferência, já que presume que sua regulação é espontânea.

A teoria keynesiana influenciou definitivamente a política dos países capitalistas. Aqueles que a adotaram sentiram seus efeitos de modo positivo logo após a Segunda Guerra Mundial. O pensamento keynesiano permitiu um desenvolvimento expressivo da teoria econômica, que passou a incorporar novos modelos e apropriar-se de instrumentos matemáticos e estatísticos como balizadores de medidas aplicáveis nos problemas econômicos.

Segunda Guerra Mundial: conflito militar envolvendo a maioria das nações do mundo, por isso denominado *mundial*, ocorrido de 1939 a 1945.

A Grande Depressão: iniciou-se em 1929 e durou toda a década de 1930, terminando somente com a Segunda Guerra Mundial. Foi a pior e mais longa recessão econômica do século XX, com altíssimas taxas de desemprego, quedas inigualáveis do Produto Interno Bruto (PIB), desaparelhamento da produção industrial, queda nas bolsas de valores e gravíssima crise social em todos os países capitalistas.

Crédito: Dorothea Lange (1936)

Essa é uma das fotos mais famosas da época. Ela retrata a situação de Florence Owens Thompson, mulher de 32 anos de idade e mão de sete filhos, viúva de um desempregado, buscando ajuda social para o sustento da família.

Para saber mais

Para saber mais sobre a Grande Depressão, assista ao clássico *As vinhas da ira*, de John Ford, e ao documentário *Capitalismo – uma história de amor*, de Michael Moore. Referências disponíveis em:

SANTOS, A. Os 35 melhores filmes da esquerda. **Diário Liberdade**, 17 abr. 2013. Disponível em: <http://www.diarioliberdade.org/artigos-em-destaque/407-cultura-m%25C3%25BAsica/37613-os-35-melhores-filmes-da-esquerda.html>. Acesso em: 21 nov. 2013.

Outro importante objetivo da política macroeconômica é a estabilidade de preços, uma preocupação que se reflete no controle da inflação, sendo constante mesmo nos países desenvolvidos, já que a inflação ocasiona problemas perniciosos à economia de um país. Uma elevação no nível geral de preços é aceitável na dinâmica econômica de países em crescimento. Mesmo nos países adiantados economicamente, existem elevações de preços, pois fazem parte da dinâmica da busca por estágios ainda mais elevados de desenvolvimento. No entanto, o aumento do nível de preços é sempre acompanhado de perto pelo governo, de modo que não fuja do controle.

Mas o que é inflação? Para Vasconcellos e Garcia (2004), ela é caracterizada não por um aumento eventual, ocasionado por características sazonais de alguns produtos, mas sim por um aumento contínuo e generalizado, isto é, todos os bens e serviços aumentam constante e persistentemente. A inflação pode ser ocasionada pelo excesso de demanda, pela elevação de custos ou pela indexação de preços.

A inflação ocasionada pelo excesso de demanda, chamada de *inflação de demanda*, acontece quando a procura por produtos e serviços não é acompanhada pela oferta desses itens. Normalmente, esse tipo de inflação acontece quando uma economia cresce com muita rapidez e passa a produzir muito próximo dos seus limites de recursos. Isso significa que, mesmo que as empresas quisessem produzir mais, não conseguiriam, ou por falta de matéria-prima, ou por falta de mão de obra, já que todos os seus recursos estariam plenamente ocupados. A mão de obra, por estar escassa, exigiria salários maiores, pressionando os preços para cima. Da mesma forma, a escassez de matérias-primas tende a elevar seu preço.

A política econômica, nesse caso, utilizaria alguns instrumentos para combater a inflação de demanda. A redução dos gastos do governo, a diminuição de investimentos em obras públicas, o aumento da carga tributária para reduzir o consumo e a elevação das taxas de juros para diminuir o crédito ao consumidor são exemplos possíveis.

Já a chamada *inflação de custos*, segundo Vasconcellos e Garcia (2004), é caracterizada pelo aumento dos preços dos fatores de produção. Com isso, a produção retrai, diminuindo a quantidade de bens e serviços ofertados, o que aumenta o preço final. Entre os exemplos mais comuns de inflação de custos estão os aumentos salariais, os aumentos do custo das matérias-primas e os aumentos ocasionados pelo fato de as estruturas de mercado de determinado país serem predominantemente de monopólio ou oligopólio.

O terceiro tipo de inflação pode ser chamado de *indexação de preços* ou *inflação inercial*, e acontece quando os aumentos de preços são automaticamente repassados para todos os demais preços da economia, autoalimentando-se constantemente. Ela é baseada no repasse dos preços atuais, que ocorre de modo sucessivo, numa interminável sequência de aumentos que sempre se realimentam.

Os efeitos provocados pela inflação podem ser vistos de forma mais acentuada no perfil da distribuição de renda, no balanço de pagamentos, nas finanças públicas e na formação de expectativas. Vasconcellos e Garcia (2004) descrevem os efeitos de cada um dos itens citados.

Na distribuição de renda, os efeitos da inflação são sentidos com maior intensidade nas famílias de baixo nível de renda. Com a inflação, há uma redução do poder aquisitivo das classes que dependem de rendimentos fixos, como salários, já que as distorções de preços estarão sempre à frente dos reajustes salariais.

O efeito da inflação sobre o balanço de pagamentos diz respeito ao encarecimento do Produto Nacional (PN) diante dos preços praticados internacionalmente. O PN passa a ser mais caro que os bens e serviços produzidos fora do país, o que faz com que perca a competitividade. Assim, torna-se muito mais atrativo importar mercadorias em vez de produzi-las internamente, o que resulta em saldo deficitário na balança comercial. Quando a diferença entre a quantidade de entradas e de saídas de produtos ou serviços é desfavorável ao país, o saldo em conta será negativo, o que aumenta a dependência do país em relação a empréstimos externos, por exemplo.

Em relação aos efeitos sobre as finanças públicas, quanto maior a inflação, menor a arrecadação real do governo, já que a inflação tende a corroer a arrecadação fiscal. Sempre há uma defasagem entre o valor dos impostos devidos e o recolhimento efetivo do imposto, uma vez que este é sempre realizado depois.

Já a inflação de expectativa é aquela conhecida como *inflação psicológica*. Tanto os empresários quanto os consumidores tendem a retardar investimentos ou compras, esperando momentos mais adequados para realizarem seus negócios, o que significa estagnação ou diminuição da procura por bens e serviços. Essa estagnação ocasiona a diminuição da oferta, acarretando a diminuição do emprego, que, por sua vez, diminui o poder de compra dos indivíduos (já que o desemprego aumenta), e assim sucessivamente, num ciclo pernicioso para a economia nacional.

Questão para reflexão

Turismo e inflação

Para Lage e Milone (2001), os turistas dinamizam a economia de uma localidade, já que levam consigo certa quantia monetária para cobrir gastos e realizar compras no local visitado. Mas, ao mesmo tempo em que ajudam a localidade, provocam uma pressão inflacionária. Para os autores, os turistas normalmente têm capacidade maior de gastos que os residentes, ou porque poupam para as viagens ou porque dispõem de um poder aquisitivo maior. Essa pressão inflacionária não ocorre somente sobre os produtos turísticos, mas também sobre produtos e serviços que são compartilhados com a população local e sobre "bens e serviços de primeira necessidade, como alimentação, habitação, transportes, vestuário etc." (Lage; Milone, 2001, p. 134). Tendo o que foi dito em vista, identifique situações bem específicas nas quais o preço é alto em produtos e serviços justamente em função do fluxo turístico e dê sugestões a fim de que esse problema seja menos prejudicial para os residentes das localidades turísticas.

A distribuição mais igualitária de renda é outro objetivo da política macroeconômica. O quadro social de um país somente pode ser compreendido quando analisamos as questões relacionadas à distribuição de renda, já que é o acesso a ela que determina o alcance dos bens e serviços disponíveis. Como vimos anteriormente, o acesso aos bens e serviços permite dinamizar a economia, uma vez que a aquisição de maiores quantidades de bens e serviços exige maior produção deles, e, consequentemente, maior é a necessidade do emprego de mão de obra. É o círculo virtuoso da economia. Assim, podemos afirmar que, mesmo os bens e serviços associados à infraestrutura, como saneamento básico, energia e transporte, que deveriam ser mais igualitários em seu fornecimento e acesso, estão relacionados com o nível de renda. Quanto maior o nível de renda, maior o acesso a esses bens e serviços. Garantir o acesso das camadas menos favorecidas aos serviços e produtos de infraestrutura contribui de forma definitiva para o processo de desenvolvimento econômico de uma nação, já que os índices cujo objetivo é mensurar o grau de desenvolvimento de um país consideram que quanto maior o acesso a esses bens e serviços, maior a inclusão da população no processo distributivo.

Por fim, outro objetivo da política macroeconômica é o crescimento econômico. Consideremos, por exemplo, um país que está trabalhando abaixo de sua capacidade. Essa realidade se manifesta na existência de desemprego ou em ociosidade na produção. Nesse caso, é possível estimular a atividade produtiva por meio de políticas econômicas. Entretanto, existe uma ligação entre a quantidade que se pode produzir e os recursos disponíveis para a produção. Assim, de acordo com Vasconcellos e Garcia (2004), visando aumentar a produção além dessas quantidades, faz-se necessário ou uma alteração nos recursos disponíveis ou uma mudança tecnológica, obviamente para melhor, a fim de que haja aumento na produção a partir das mesmas quantidades de recursos.

Ao nos referirmos ao crescimento econômico, abordamos especificamente a quantidade de bens e serviços disponibilizados para a população de determinado país. Portanto, esse fenômeno está diretamente ligado à renda nacional *per capita*. Quanto maior a renda dos indivíduos, maior seu poder de compra, o que ocasiona maiores índices de crescimento.

Renda *per capita*: é a soma dos rendimentos de toda a população dividida pelo número de habitantes.

5.3 Os instrumentos de política macroeconômica

Entre os instrumentos de política macroeconômica capazes de interferir tanto sobre a capacidade produtiva, chamada de *oferta agregada*, quanto sobre as despesas planejadas, chamadas de *demanda agregada*, estão as políticas fiscal, monetária, cambial, comercial e de rendas. Vários autores descrevem esses instrumentos, como Lopes e Rossetti (1995), Vasconcellos e Garcia (2004), Simonsen e Cysne (2000) e O'Sullivan, Sheffrin e Nishijima (2000), para citar apenas alguns.

Na **política fiscal**, estão todos os instrumentos de que o governo dispõe para arrecadar tributos e controlar suas despesas. São as conhecidas *políticas tributárias* e *política de gastos*. Essas políticas, conforme o caso, são amplamente utilizadas, obedecendo a um princípio constitucional chamado de *princípio da anterioridade*, e devem sempre ser aprovadas pelo congresso nacional. Para uma redução da taxa de inflação, as medidas adotadas são, normalmente, a diminuição dos gastos públicos ou o aumento da carga tributária, ambas formas de inibir o consumo. Agora, se o objetivo é o crescimento do emprego, o governo fará o inverso, como forma de aumentar o consumo.

A **política monetária** diz respeito à emissão de títulos, às reservas compulsórias, aos empréstimos do Banco Central aos bancos comerciais e à regulamentação sobre crédito e juros. Se o objetivo for o combate à inflação, uma medida possível é o aumento da taxa de reservas compulsórias, ou seja, diminuir o dinheiro em circulação. Já para estimular o consumo, uma medida seria, por exemplo, facilitar o acesso ao crédito.

Apesar de serem alternativas diferentes, normalmente os governos utilizam uma forma combinada de políticas fiscal e monetária para atingir seus objetivos.

A **política cambial** é aquela exercida sobre a taxa de câmbio. Por meio do Banco Central, o governo pode fixar uma taxa de câmbio ou deixá-la flexível, de modo a ser determinada pelo mercado – depende do interesse do país e do momento pelo qual ele está passando. Nesse caso, o governo pode comprar dólares para segurar o preço ou jogar seu estoque de moeda estrangeira no mercado, a fim de pressionar a queda da taxa de câmbio, por exemplo.

Taxa de câmbio

A taxa de câmbio é a comparação entre os valores relativos a moedas de dois países distintos. É a medida que relaciona o valor de uma unidade monetária de um país em relação aos demais países. Assim, é comum ouvirmos que 1 dólar custa 3 reais, ou que 1 real custa 224 pesos chilenos, por exemplo. Portanto, sempre que existir uma relação econômica internacional envolvendo a implicação de duas moedas distintas, existirá a necessidade de fixar uma relação de valores entre elas, chamada *taxa de câmbio*.

A taxa de câmbio apresenta grande importância para a atividade econômica dos países, já que existe inter-relação entre os diversos países, por relações de troca, por dependência relativa a produtos e serviços, por formação de blocos econômicos, por interesses semelhantes e assim por diante.

Dessa forma, para citar exemplos da importância da taxa de câmbio, pensemos nas empresas brasileiras que produzem bens e serviços turísticos, imaginando uma queda no valor do real ante o valor do dólar americano. Se essas empresas estiverem oferecendo produtos e serviços para os turistas norte-americanos, o preço desses bens e serviços será muito mais atrativo para eles, já que o valor do dólar americano estaria valendo mais que a moeda brasileira. Nesse caso, haverá um incremento no turismo receptivo. Agora, vamos imaginar uma queda no dólar americano ante o valor do real. Logicamente, com o dólar custando menos, um maior número de brasileiros irá viajar para os Estados Unidos, aumentando o valor das compras de produtos daquele país, já que o preço dos produtos e serviços americanos apresentará redução. Então, sempre que ocorrer valorização da moeda brasileira diante das moedas internacionais, haverá uma procura maior por viagens internacionais, implicando aumento do turismo emissivo, o qual ocasionará aumento nas despesas turísticas, influenciando o resultado da balança comercial.

Imaginemos agora uma empresa que comercializa laranjas para os Estados Unidos. Quando há valorização do dólar em comparação ao valor do real, os americanos compram mais laranjas, já que essa fruta se tornou mais barata para eles. Entretanto, muitas empresas nacionais adquirem bens e serviços de empresas estrangeiras, como componentes eletrônicos, insumos agrícolas e serviços especializados. Para isso, essas empresas irão desembolsar valores mais vultosos, já que a moeda nacional está desvalorizada ante a moeda estrangeira. É possível verificar, então, que a taxa de câmbio está ligada diretamente aos preços dos produtos e serviços importados e exportados, influenciando o resultado da balança comercial. Por isso, quando a moeda nacional está valorizada, há um estímulo à importação de produtos e serviços e um desestímulo à exportação. Quando, ao contrário, a moeda estrangeira encontra-se valorizada, há um desestímulo à importação e um estímulo à exportação.

Existem, no Brasil, três cotações da moeda norte-americana conhecidas: o dólar comercial, o dólar turismo e o dólar paralelo. Vamos explicar a diferença entre eles.

O dólar turismo e o dólar comercial apresentam variação de preços, mas o dólar turismo sempre custa mais que o comercial. Para buscar a moeda do exterior e depois comercializá-la, as instituições bancárias e casas de câmbio arcam com os custos de todo o processo, desde a importação da moeda até o pagamento para armazená-la em um local seguro.

O câmbio deriva de uma linha de crédito motivada por um ofertante de dólar, que pode ser um investidor ou um exportador. O banco concretiza esses recursos, acrescentando neles o valor do seu trabalho, somado à estrutura de custos e ao risco do negócio no preço do câmbio original, de forma a ter lucro com a operação. O dólar, então, é distribuído para outros intermediários, como uma empresa de cartão de crédito ou uma casa de câmbio. É por meio dessas instituições que o dólar chega ao consumidor final. Logicamente, essas instituições também alocam seus custos na comercialização do produto, que nesse caso é o dólar, de forma a obter um ganho com as operações.

Nesse sentido, o dólar comercial fica mais barato porque existem menos intermediários nas operações envolvidas em comparação com as operações do dólar turismo. Ele é empregado pelas grandes empresas para importar e exportar mercadorias. As movimentações financeiras do governo no exterior e os empréstimos de brasileiros residentes fora do país também utilizam essa cotação de referência.

Já o dólar turismo é frequentemente empregado para a compra de moeda estrangeira com fins de viagens e conversão do cartão de crédito nas compras efetuadas no exterior.

O dólar paralelo é a taxa utilizada no mercado ilegal por pessoas que não querem – ou, por razões legais, não podem – adquirir ou vender a moeda no mercado oficial. Trata-se de um mercado ilegal, que, na maioria das vezes, pratica taxas marginais, diferentes daquelas autorizadas pelo Banco Central do Brasil para operações no mercado de câmbio brasileiro.

Importante saber também que a cotação do dólar é normalmente dividida em preço de compra e de venda, sendo o de compra o valor que as instituições (bancos e casas de câmbio, por exemplo) pagam para adquirir a moeda, e o de venda aquele praticado para o consumidor final.

A **política comercial** é aquela que atua com instrumentos de incentivo às exportações e desestímulo às importações, como forma de obter saldos favoráveis na balança comercial. Existem os estímulos fiscais para as exportações, por exemplo, e as barreiras quantitativas para as importações.

A **política de rendas** é aquela em que o governo intervém diretamente na formação de renda, ou seja, atua diretamente nos preços, salários e aluguéis. Nesse caso, o diferencial dessa política em relação às políticas monetária, fiscal ou cambial é que o governo não permite aos agentes econômicos atuar livremente no mercado. A fixação da política salarial, o salário mínimo e o congelamento de preços são alguns exemplos dessa forma de política.

Síntese

A importância das políticas macroeconômicas é o tema central deste capítulo. Seus principais objetivos são o alto nível de emprego, a estabilidade de preços, a distribuição equitativa de renda e o crescimento econômico. Para atingir tais objetivos, o governo utiliza alguns instrumentos bastante ventilados pela mídia. Por isso, é comum ouvirmos os telejornais falando sobre as políticas fiscal, cambial e tributária, somente para citar alguns exemplos.

Também tratamos da inflação, conceituando e apresentando os tipos mais comuns desse fenômeno, que merece um olhar especial por parte dos governos, já que seus efeitos são perniciosos para a economia.

Por fim, explanamos a taxa de câmbio, levando em conta, principalmente, sobre sua importância para a balança comercial, destacando a atividade turística e o comportamento das empresas e dos consumidores diante do câmbio e das políticas adotadas.

Questões para revisão

1. A inflação é o aumento contínuo dos preços. Por isso, os aumentos eventuais, ocasionados por características sazonais de alguns produtos, não podem ser incluídos nesse fenômeno.

Explique os três tipos mais comuns de inflação: a de demanda, a de custos e a inercial.

2. Selecione, dentre as opções a seguir, aquela que elenca corretamente os instrumentos de política macroeconômica:

   a) Políticas fiscal, monetária, cambial, comercial e de rendas.

   b) Políticas salarial, agrícola, industrial e de agronegócio.

   c) Políticas restritiva, coercitiva e de incentivo.

   d) Políticas residual, seletiva, cooperativa.

3. Relacione o instrumento de política macroeconômica com o seu correto enunciado:

   1. Política fiscal ( ) Intervenção direta na formação de renda, ou seja, atuação direta nos preços, salários e aluguéis.

   2. Política monetária ( ) Atuação com instrumentos de incentivo às exportações e desestímulo às importações, como forma de obtenção de saldos favoráveis na balança comercial.

   3. Política cambial ( ) Decisões e medidas exercidas sobre a taxa de câmbio.

   4. Política comercial ( ) Emissão de títulos, reservas compulsórias, empréstimos do Banco Central aos bancos comerciais, regulamentação sobre crédito e juros.

5. Política de rendas ( ) Instrumentos de que o governo dispõe para arrecadar tributos e controlar suas despesas.

4. As políticas macroeconômicas fazem uso de alguns instrumentos para combater tanto os problemas estruturais quanto os problemas conjunturais de um país. A esse respeito, é possível afirmar que:

   I. problemas estruturais são aqueles considerados de longo prazo, isto é, aqueles que envolvem, além de instrumentos de política macroeconômica, fatores institucionais, sociais e tecnológicos para a sua solução.

   II. problemas conjunturais são aqueles que envolvem ponderações de curto prazo e respondem com bastante sensibilidade às políticas e aos instrumentos passíveis de serem adotados.

   III. a estabilidade de preços é considerada um problema conjuntural, ou seja, é bastante sensível aos instrumentos de política macroeconômica.

   IV. a distribuição de renda é considerada um problema estrutural, já que não envolve somente a política econômica e seus instrumentos, mas depende de fatores institucionais, sociais e tecnológicos, todos com características de aplicabilidade a longo prazo.

Estão corretas as afirmativas:
a) I, II, III, IV.
b) I, III, IV.

c) II, III, IV.

d) III, IV.

5. Explique o que é a taxa de câmbio e qual é sua influência para o turismo brasileiro.

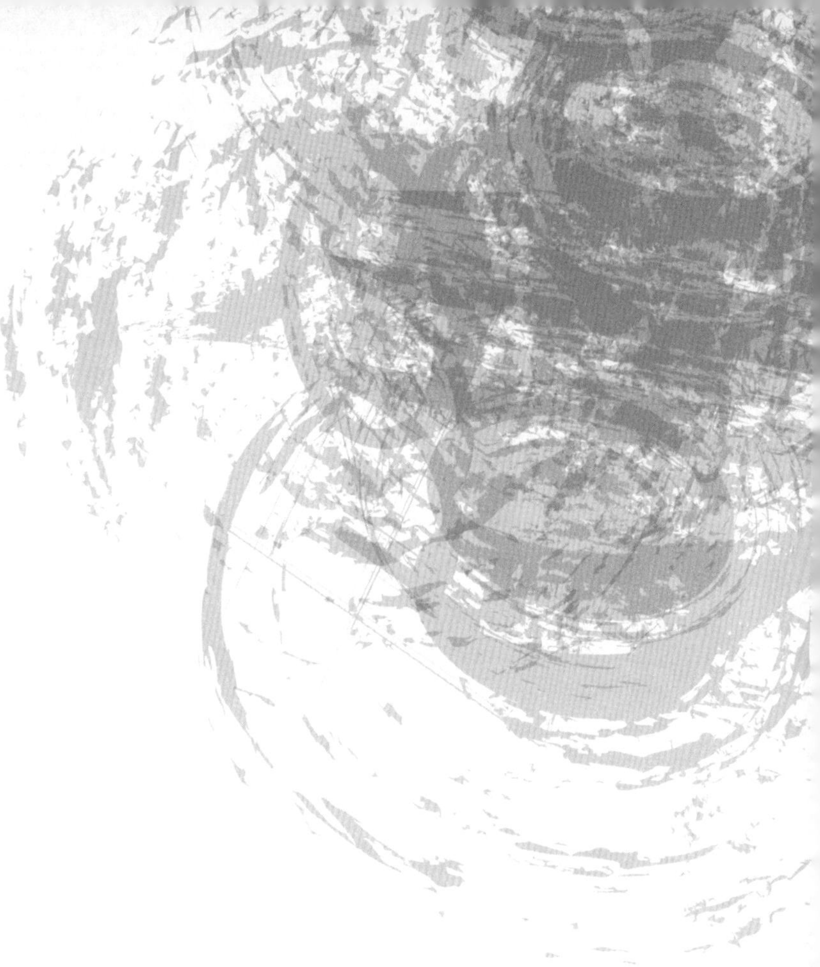

6

o setor público
e o turismo

conteúdos do capítulo:

> Contas nacionais.
> Tipos de tributo.
> Conta satélite do turismo.
> Turismo e balança comercial.

após o estudo deste capítulo, você será capaz de:

1. entender a importância da contabilidade nacional;
2. analisar o turismo no contexto das contas nacionais;
3. identificar os diversos tipos de tributos existentes no Brasil;
4. compreender o que é a Conta Satélite do Turismo (CST);
5. reconhecer a importância do turismo para o resultado da balança comercial do país.

O foco deste capítulo são as contas nacionais, contexto em que o turismo deve ser contemplado, já que o desenvolvimento dessa atividade contribui para os resultados apresentados por essas contas. Além das contas e dos tipos de tributos, discutiremos a conta satélite do turismo, ressaltando sua importância na busca da apresentação de dados que contribuam de forma completa e específica, revelando a importância do turismo na economia. Por fim, discutiremos o turismo e sua influência nos resultados da balança comercial do país.

6.1 Contas nacionais

A contabilidade nacional, também conhecida como *contabilidade social*, mensura os dados relativos aos destinos e às fontes de receitas e despesas ou à produção de bens e serviços de uma economia. Essa mensuração resulta nas contas nacionais, que permitem a verificação e a análise dos fluxos reais, relativos aos produtos e serviços, e dos fluxos monetários, relativos à renda e aos gastos.

Simon Kuznets foi o criador da moderna metodologia para o sistema de contas nacionais, responsável por desenvolver, para os Estados Unidos, o primeiro sistema confiável de medição dos agregados econômicos do país.

Simon Kuznets (1901-1985)

Simon Kuznets nasceu em Kharkov, mas naturalizou-se americano, falecendo em Cambridge, aos 84 anos. Foi ganhador do Prêmio Nobel de economia em 1971 pelo seu trabalho pioneiro no desenvolvimento de uma base conceitual que permitiu o cálculo da renda nacional dos Estados Unidos. Atuou como professor universitário, lecionando em Harvard entre 1960 a 1971. É autor de mais de 300 livros e ensaios, todos relacionados à economia. Analisou a evolução da renda nacional norte-americana, utilizando material histórico, além de aspectos demográficos, políticos, sociais e técnicos do crescimento. Seus estudos comparativos, especificamente da Alemanha e da Inglaterra, abarcam as variações cíclicas da atividade econômica, esclarecendo a estrutura do crescimento e sua implicação na distribuição de renda. Kuznets estudou profundamente a ligação entre os aspectos demográficos do crescimento e da distribuição da renda. Além disso, expôs com clareza as definições e classificações dos conceitos da área de contabilidade social, associando-os aos fundamentos da teoria econômica relacionados aos salários, ao capital, aos lucros e aos juros. Seus estudos aliam dados estatísticos e conceitos teóricos, com destaque à importância do aprofundamento histórico para o entendimento da dinâmica social econômica.

Os agregados macroeconômicos, como a Renda Nacional (RN), o Produto Nacional (PN) e a Despesa Nacional (DN), são determinados a partir de um sistema contábil que aborda o país como se fosse uma enorme empresa que produz um único produto, chamado por nós de *Produto Nacional Bruto* (PNB).

Outros agregados também são utilizados para a composição das contas nacionais, como a Produção Nacional (PN), o Consumo de Bens Finais (CF), o Consumo de Bens Intermediários (CI), o Investimento das Empresas (I), as Exportações (X), as Importações (I), os Impostos (IP) e os Subsídios (SUB).

Existem dois sistemas para a contabilidade nacional: o sistema de contas nacionais e a matriz de relações intersetoriais (matriz de Leontief).

Wassily W. Leontief (1906-1999)

Wassily W. Leontief nasceu em São Petersburgo em 1931. Estudou Economia nas universidades de Moscou e de Leningrado. Doutorou-se em 1928 na Universidade de Berlin, trabalhando posteriormente na Escola de Kiel até a sua extinção na época de Hitler. Emigrou então para os Estados Unidos, onde se nacionalizou, concretizando uma carreira como professor em Harvard e desenvolvendo importantes estudos, que culminaram com o Prêmio Nobel de Economia de 1973. Seu principal trabalho foi o desenvolvimento do método *input--output* e sua aplicabilidade aos problemas econômicos mais relevantes, conhecida como *Matriz de Leontief*.

***Input-output**: reprodução em matriz da economia de um país ou região, para prognosticar o impacto de mudanças de uma indústria sobre outras, bem como o impacto do governo, dos consumidores e dos fornecedores estrangeiros sobre a economia. O modelo proposto por Leontief demonstra as relações entre os diversos setores de uma economia, mostrando como o produto de um setor é insumo para outro.

Em sua principal publicação, *The Structure of the American Economy* (*A estrutura da economia norte-americana*, em português), de 1941, o autor apresenta, pela primeira vez, um trabalho baseado nas tabelas insumo-produto, estudo que vinha realizando já na Escola de Kiev, mas que apenas nessa obra aparece em sua integridade metodológica. O estudo das tabelas vem de uma tradição teórica que remonta aos fisiocratas, a Quesnay e ao incremento matemático de Walras. Além destes, Leontief apresenta no decorrer do seus diversos trabalhos uma clara influência keynesiana, sendo, portanto, uma figura importante para os novos pensadores adeptos de Keynes e David Ricardo.

O **sistema de contas nacionais** utiliza o método tradicional das partidas dobradas, desconsiderando as transações de bens e serviços intermediários e contabilizando somente os bens e serviços finais. Já a **matriz de relações intersetoriais** inclui em sua contabilização as transações intermediárias, o que permite a análise da interação entre os setores, ou, dito de outra maneira, a análise do que um setor vende e gasta na relação com os outros setores. Apesar de a matriz de relações intersetoriais ser mais completa, ela não é adotada pelos países por questões operacionais. O sistema de contas nacionais é adotado no mundo todo, pois, por meio dele, é possível obter mais rapidamente as estimativas dos agregados macroeconômicos. Ele é apresentado anualmente, diferentemente da matriz de relações intersetoriais, oferecida apenas num espaço de cinco anos, pois seus dados exigem detalhamentos que são obtidos somente por meio dos censos econômicos.

Para medir os agregados macroeconômicos que irão compor as contas nacionais, é necessário observar alguns princípios, seguidos em todos os países, de modo a possibilitar a comparação entre as diversas economias, oferecendo subsídios tanto para a análise de desempenho quanto para o interesse em investimentos e parcerias internacionais.

Para a apuração dos valores da economia de um país, consideram-se somente as transações relacionadas a bens e serviços finais, sendo que os bens e serviços intermediários, como é o caso das matérias-primas e dos componentes, não fazem parte do cálculo. Os salários, juros, aluguéis e lucros também não compõem as contas, já que são considerados a remuneração dos fatores de produção. Essa exceção é feita para que não haja dupla contagem de valores. A medição é feita apenas na produção corrente, o que significa que os bens produzidos anteriormente, como máquinas e veículos, e que ficam disponíveis na economia, não são computados uma segunda vez. De modo geral, realiza-se essa medição anualmente, embora existam estimativas trimestrais, em geral consideradas amostras parciais, como no caso do Brasil. As transações puramente financeiras, como o caso de depósitos, negociações na bolsa de valores e empréstimos bancários, não são consideradas para os agregados econômicos, já que não acrescentam produtos reais à economia. Para fins de análise, essas transações são consideradas *transferências financeiras*. Entretanto, é importante ressaltar que a remuneração dos corretores da bolsa e os salários e lucros advindos das atividades financeiras compõem as contas nacionais, já que são parte da prestação de serviços do setor financeiro na economia.

Para saber mais

O Instituto Brasileiro de Geografia e Estatística (IBGE) é o órgão responsável pela preparação e pelo cálculo do produto interno do Brasil. Esse órgão produz e disponibiliza informações e análises sobre o ambiente macroeconômico brasileiro, apresentando dados no chamado *Sistema de Contas Nacionais*. Faça uma visita ao *site* do IBGE e conheça mais profundamente as responsabilidades dessa instituição.

IBGE – Instituto Brasileiro de Geografia e Estatística. Disponível em: <http://www.ibge.gov.br/home>. Acesso em: 21 nov. 2013.

6.2 Governo e tributos

É importante ressaltar que o conceito principal da contabilidade nacional é o Produto Interno Bruto (PIB), que pode ser definido como toda a geração de riqueza proporcionada por agentes econômicos nacionais ou estrangeiros em determinado país, em um período estipulado. O governo apresenta papel fundamental na composição dos diversos agregados econômicos, fazendo parte no somatório geral do PIB. O governo, também denominado *setor público*, age nas três esferas que compõem o setor público no Brasil: a nacional, a estadual e a municipal. Assim, quando falamos que a administração é federal, estamos nos referindo à esfera nacional do Poder Público.

O governo realiza negociações e transações mediante valores atrelados ao seu tesouro, que nada mais é do que uma composição feita de arrecadação de impostos, taxações e contribuições. O termo genérico para designar os impostos, as taxações e as contribuições é *tributo*. O montante que compõe esse tesouro é chamado de *receita fiscal*. A principal fonte de receita fiscal são os impostos, que podem ser classificados em **diretos** e **indiretos**.

Tributo: é um valor pago ao governo e estabelecido por ele na forma de um imposto, uma taxa, uma contribuição ou um empréstimo compulsório.

O **imposto direto** é aquele que incide diretamente sobre a renda ou o capital do indivíduo. O Imposto de Renda (IR), por exemplo, é um imposto direto, já que incorre diretamente sobre o que cada indivíduo recebe. Quanto maior a renda da pessoa, maior o valor que ela paga ao governo. A relação entre rendimento e tributo é direta.

O **imposto indireto** é aquele que incide sobre o produto, não sobre a renda. É o caso do Imposto sobre Produtos Industrializados

(IPI) e do Imposto sobre Comércio de Mercadorias e Serviços (ICMS). Nesse caso, você paga um percentual do valor ao governo somente quando compra uma mercadoria. Se o indivíduo, em vez de comprar determinada mercadoria, poupar o dinheiro, ele não paga ao governo o percentual relativo ao imposto indireto.

As contribuições e as taxações também compõem a receita fiscal. As contribuições são tributos que têm como fato gerador o benefício que proporcionam a quem paga. Por exemplo: o calçamento de uma rua pode gerar uma contribuição para o morador, já que há uma valorização do seu imóvel.

Já as taxas são tributos vinculados à atuação do governo. É um valor pago por um serviço utilizado ou que está à disposição, gerando despesas ao Poder Público, como a taxa de coleta de lixo ou a taxa para funcionamento de um comércio.

O empréstimo compulsório é um tributo regido pela Constituição Federal, conforme o art. 148, para atender às despesas extraordinárias, decorrentes de calamidade pública, de guerra externa ou de sua iminência (Brasil, 1988), ou seja, é um investimento público de caráter urgente e de relevante interesse nacional. Essa modalidade consiste na retirada obrigatória de certa quantidade em dinheiro do contribuinte a título de "empréstimo" para que ele o resgate em determinado prazo, conforme estipulado em lei.

Os valores recolhidos pelos governos federal, estadual e municipal, e que são os formadores da receita tanto do governo federal quanto dos estados e municípios, têm como objetivo fazer frente aos gastos de cada uma dessas esferas governamentais.

6.3 Conta satélite do turismo

A ciência econômica busca apresentar resultados quantitativos, calcados em pesquisas direcionadas por métodos de levantamento de informações qualitativas, sistemáticas e interligadas, que, segundo Rossetti e Lehwing (1986), permitem a compreensão, a estimativa e o registro das atividades econômicas nos diversos países. Para os autores (Rossetti; Lehwing, 1986, p. 19):

> Os economistas, em todas as épocas, sempre se preocuparam em elaborar, por meio de classificações adequadas, sistemas de informações quantitativas, por intermédio dos quais os muitos e variados detalhes que formam a vida econômica pudessem amoldar-se a esquemas simplificados de interpretações.

Daí a importância do estudo e da análise das contas nacionais, já que elas fornecem subsídios quantitativos para uma análise qualitativa do estado em que se encontra a atividade econômica de um país. O turismo é uma atividade que se mostra relevante porque traz consigo características inerentes às atividades produtivas. Ele oferece bens e serviços, e, para tanto, utiliza-se de mão de obra, exercendo um efeito multiplicador de renda (e consequentemente de consumo). Além disso, recolhe tributos como as demais atividades produtivas.

O turismo, porém, apresenta uma carência na disponibilidade de dados, pois, quando eles existem, são de posse de alguns órgãos públicos ou de centros de pesquisa. Isso limita a disponibilidade de informações e o conhecimento sobre esse setor produtivo.

Essa limitação gera uma lacuna em dados que efetivamente não são registrados nas contas nacionais, o que é um empecilho não apenas para a análise do efeito econômico dessa atividade, mas também para sua interação com as outras atividades econômicas e para sua importância nas relações econômicas entre os países. A fim de suprir essas limitações, atualmente diversos países têm aprofundado seus estudos, ampliando a utilização de contas satélites como forma de abarcar um maior número de informações e, assim apresentar maior abrangência e qualidade nos resultados e nas análises ponderadas.

A Conta Satélite do Turismo (CST) busca apresentar dados que contribuam de forma completa e específica, revelando a importância do turismo na economia. Alguns países que utilizam a CST, como Austrália, Canadá, México, Nova Zelândia, Suécia e Estados Unidos, argumentam que sua utilização permite uma visão mais apurada da contribuição e da renda gerada pelo turismo, tanto das pessoas jurídicas como das físicas.

Conforme as diretrizes da Organização Mundial do Turismo (OMT) – publicada em Madrid, na Espanha, sob o título *Conta Satélite do Turismo (CST): quadro conceptual*, de 1999 –, essa conta deverá conter:

Organização Mundial do Turismo (OMT): tem sua sede em Madrid, na Espanha. É uma agência especializada das Nações Unidas para o turismo, compondo um fórum global para discussão e debate sobre questões relativas à política de turismo. O Brasil foi reeleito membro do Conselho Executivo da OMT para o período de 2012 a 2015. Atualmente, o conselho conta com 155 países (membros efetivos), 7 territórios não responsáveis pelas suas relações externas (membros associados) e mais de 400 membros profissionais (membros afiliados), representando as associações do setor, além de instituições de educação e empresas. Entre os 15 membros brasileiros afiliados da OMT estão Sebrae, Senac, Confederação Nacional do Comércio (CNC), Centro de Excelência em Turismo (CET) da Universidade de Brasília, Riotur, Bahiatursa, Secretaria de Turismo de Fortaleza e outras entidades de classe de setores como o de alimentação, de hospedagem, de eventos e de profissionais do turismo.

Para saber mais

Para saber mais sobre a OMT, acesse:

OMT – Organização Mundial do Turismo. *Site* em inglês. Disponível em: <http://www2.unwto.org>. Acesso em: 20 nov. 2013.

Para obter uma ficha síntese, com *links* para vários canais de informação em português, acesse:

ORGANIZAÇÃO Mundial de Turismo (OMT). Universidade de Coimbra. Faculdade de Direito. Disponível em: <http://www.fd.uc.pt/CI/CEE/OI/OMT/Ficha.htm>. Acesso em: 21 nov. 2013.

> Todos os agregados econômicos comuns às outras contas nacionais, de forma a contar com todas as atividades de importância econômica ligadas direta ou indiretamente ao turismo, como o valor gerado pelo turismo e a renda gerada pelas atividades turísticas, lembrando que esses valores são componentes do PIB.

> Todas as informações referentes ao consumo turístico, satisfeito por fornecedores internos ou externos (o que implica importação de produtos e serviços turísticos). Esses dados deveriam ser derivados do sistema de contas nacionais, o que tornaria o quadro de informações sobre a atividade turística muito mais completo. No sistema tradicional de contas nacionais, esses dados não são angariados; portanto, para implementação da CST, seria necessário mudar o sistema atual existente no Brasil.

> Dados relativos ao desempenho das atividades de produção do turismo, incluindo a formação de capital, a relação com as outras atividades produtivas e os dados relativos à mão de obra.

> Dados que subsidiem a preparação de modelos que permitam a análise dos impactos advindos do turismo para as economias municipal, estadual e federal, o que proporciona um padrão de comparação com outros países. Esses dados permitiriam uma orientação para o desenvolvimento sustentável das atividades, tanto em escala local como mundial.

> Por fim, deve haver uma correspondência entre os dados econômicos do turismo e os demais elementos que são apontados quantitativamente, como o número e as taxas de embarques nacionais e internacionais, a quantidade de leitos ocupados nos meios de hospedagem, os tipos de alojamentos

oferecidos, o tempo de permanência no local visitado, as ofertas disponibilizadas no local visitado, as infraestruturas básica e turística, entre outros.

Analisando os componentes que devem constar na CST, é possível identificar os fundamentos da macroeconomia com a utilização de variáveis como: o nível de emprego, o nível de preços internos, a taxa de câmbio, o crescimento do produto, o crescimento de renda, a formação bruta de capital fixo, as relações comerciais internacionais, entre outros elementos e agentes da economia.

Para Feijó et al. (2003), uma estimativa sólida da produção econômica de todos os setores permitiria a constatação e a análise precisa de seu real impacto econômico. Por isso a importância da aplicação de uma conta que consiga mensurar com maior competência os impactos da atividade turística. Para o Instituto Brasileiro de Turismo – Embratur (1999), com o desenvolvimento da CST, será possível não apenas dispor de dados que nos permitam mensurar os resultados sobre os agregados macroeconômicos que compõem o PIB e que, portanto, definem a riqueza do país, mas também criar uma conta da produção do turismo que contabilize efetivamente dados de emprego, inter-relações entre os setores e formação bruta de capital por ramo de atividade. Outros dados quantitativos também serão disponibilizados para todos os interessados, e não somente para os envolvidos na atividade turística. Entre eles, teríamos dados acerca dos meios de hospedagem, das motivações para viajar, dos meios de transportes, do número de embarques e desembarques, dos destinos escolhidos, da procedência, entre outros dados quantitativos, de forma a compor um real panorama do turismo no país. Esses elementos permitirão a manipulação de dados de modo a apresentar modelos de avaliação dos impactos e da importância do turismo como atividade constituinte do desenvolvimento do país. Ademais, os dados quantitativos servem como base ao intuito de elaborar e conduzir políticas mais eficazes para o turismo no Brasil.

Questão para reflexão

A atividade turística, até recentemente, carecia de dados estatísticos, impedindo que os agentes econômicos tivessem acesso a informações que pudessem subsidiar decisões estratégicas e políticas, mitigando investimentos e privando medidas assertivas por parte dos governos. Os dados disponíveis limitavam-se a questões relativas à caracterização dos visitantes, às condições de viagem e à motivação dos grupos envolvidos. Esses dados são importantes, sendo, porém, insuficientes à implementação de medidas para a aceleração do desenvolvimento econômico do turismo. Isso porque esse setor apresenta inúmeras diferenças em relação a outros setores econômicos por suas especificidades. Merece, sem dúvida, um olhar que contemple suas interfaces com os demais setores da economia e que demonstre, isoladamente, a contribuição que apresenta no resultado total de consumo e produção. Reflita: a CST se propõe a realizar essa tarefa. Quais dados de maior relevância você considera que essa conta conseguirá fornecer?

Se você deseja saber mais sobre o desenvolvimento econômico do turismo, acesse:

KADOTA, D. K.; RABAHL, W. A. **Conta Satélite de Turismo no Brasil:** método de avaliação do impacto econômico do turismo. Disponível em: <http://www.revistas.usp.br/rta/article/viewFile/63620/66385>.

6.4 Balança comercial e turismo

A economia de um país, quando se trata de um sistema econômico aberto, como é o caso do Brasil, relaciona-se o tempo todo com as economias de outros países. Essa relação ocorre no que denominamos *setor externo*.

Sistema econômico: conforme Sandroni (1999, p. 327), *sistema econômico* é a "forma organizada que a estrutura econômica de uma sociedade assume. Engloba o tipo de propriedade, a gestão da economia, os processos de circulação das mercadorias, o consumo e os níveis de desenvolvimento tecnológico e de divisão do trabalho". Em uma economia fechada, não há relação de troca entre os países, não existindo, portanto, importação ou exportação de produtos. A troca de mercadorias não se realiza fora dos limites territoriais do país ou da região onde se situam os agentes econômicos: produtores, intermediários e consumidores. Esse tipo de economia praticamente não existe no mundo atual. A economia aberta, por sua vez, é aquela em que as relações de troca são realizadas entre os agentes econômicos de diversas regiões ou países.

No PIB, conforme já estudamos, constam os produtos e serviços originados por estrangeiros no Brasil, bem como os produtos e serviços gerados por brasileiros fora do país. Logo, perceber o comportamento da economia e seu desempenho em relação à estrutura econômica mundial é preponderante, uma vez que só assim se faz possível reconhecer sua importância e dimensionar seu tamanho.

A relação econômica de um país com o exterior parte de dois conceitos fundamentais: exportações e importações, indicadas na economia pelas letras X e M. **Exportações (X)** dizem respeito às compras de bens e serviços nacionais feitas por agentes econômicos de outros países. **Importações (M)** dizem respeito às compras realizadas por agentes estrangeiros em um país que não seja o deles. As importações referem-se à entrada de bens e serviços estrangeiros em um país; as exportações, à saída de bens e serviços internos para outros países.

A balança comercial é a relação entre o volume das exportações e das importações de um determinado país. A balança comercial, portanto, apresenta o comportamento de um país diante do comércio internacional. Assim, quando um país exporta um volume maior de bens e serviços se comparado ao volume que importa, resultando em um fluxo monetário positivo, dizemos que a balança comercial é positiva e que o país apresenta um superávit. O contrário desse comportamento, quando o fluxo monetário resultante das importações é maior que o das exportações, manifesta uma balança comercial negativa, ou seja, o déficit.

Então, quando X é maior que M, existe um superávit e o país apresenta saldo positivo na balança comercial. Quando M é maior que X, existe um déficit e o país apresenta saldo negativo na balança comercial.

Os fatores mais importantes para que ocorra superávit ou déficit na balança comercial de um país são os preços e as quantidades exportadas ou importadas. Assim, um desequilíbrio entre os volumes quantitativos de bens e serviços comercializados com o exterior poderá provocar um resultado negativo na balança comercial; da mesma forma, um desequilíbrio entre os preços praticados entre os bens e serviços exportados e importados poderá ocasionar déficit.

Veja a seguir a evolução da balança comercial do Brasil em 2011 e 2012. Os valores estão expressos em US$ milhões.

Tabela 6.1 – Balança comercial brasileira de 2011 e 2012

Ano de 2012												
Saldo	-1.306	1.706	2.022	879	2.960	805	2.872	3.225	2.553	1.659	-186	2.250	19.438
Exp.	16.141	18.028	20.911	19.566	23.215	19.353	21.003	22.381	19.998	21.763	20.472	19.749	242.580
Imp.	17.448	16.322	18.889	18.687	20.255	18.548	18.131	19.156	17.445	20.104	20.658	17.499	223.142
Ano de 2011												
Saldo	398	1.195	1.549	1.861	3.520	4.428	3.135	3.874	3.074	2.355	582	3.819	29.790
Exp.	15.214	16.732	19.286	20.173	23.209	23.689	22.252	26.159	23.286	22.140	21.773	22.128	256.041
Imp.	14.816	15.537	17.737	18.312	19.689	19.261	19.117	22.285	20.212	19.785	21.191	18.309	226.251

Fonte: Portal Brasil, 2013.

Como você pode ver, o saldo da balança comercial brasileira em 2011 apresentou um superávit de US$ 29,790 milhões. No entanto, no ano seguinte, esse superávit foi bem mais modesto, apresentando valor de US$ 19,438, sendo que, nos meses de janeiro e novembro, o saldo apresentou um déficit de US$ 1,306 e US$ 186, respectivamente.

No caso do turismo, as viagens internacionais apresentam dados relevantes para a composição da balança comercial.

As receitas turísticas englobam todos os gastos realizados pelos estrangeiros que vêm ao Brasil; já as despesas incluem todos os gastos de viagens realizados pelos brasileiros fora do país.

As contabilizações relativas aos transportes também apresentam dados relevantes para a balança comercial. Nesse caso, todos os fretamentos internacionais são considerados receitas. Os estrangeiros pagam aos agentes econômicos do país valores relativos ao uso dos meios e da infraestrutura de transportes. Já os agentes econômicos brasileiros pagam aos estrangeiros todos os valores relativos ao uso dos meios e da infraestrutura de transportes de outros países.

A categoria referente aos seguros também compõe a balança comercial. Nessa categoria, são registradas todas as despesas e receitas relativas aos prêmios e a indenizações e contratações de seguradoras.

É importante destacar a contabilização dos fluxos turísticos para a balança comercial, já que eles apresentam entrada e saída de divisas do país. Assim, a receita turística é representada, segundo Lage e Milone (2001, p. 139), como "todos os gastos das viagens realizadas pelos turistas procedentes do exterior. Para o país visitado, o fluxo turístico proveniente do exterior é chamado de turismo receptivo". Em relação à despesa turística, segundo os autores, considera-se "todos os gastos realizados pelos residentes de um país em viagens no exterior. Para esse país, o fluxo turístico que visita o exterior é chamado de turismo emissivo" (Lage; Milone, 2001, p. 139).

Para saber mais

Verifique a pesquisa anual de conjuntura econômica do turismo, feita pela Fundação Getulio Vargas em parceria com o Ministério do Turismo. Você encontrará dados e análises interessantes sobre o desempenho do turismo no Brasil.

BRASIL. Ministério do Turismo. **Pesquisa anual de conjuntura econômica do turismo.** Rio de Janeiro: Fundação Getulio Vargas, 2012. Disponível em: <http://www.dadosefatos.turismo.gov.br/export/sites/default/dadosefatos/conjuntura_economica/downloads_conjuntura/PACET_2012-04-27_versxo_WEB.pdf>. Acesso em: 21 nov. 2013.

Síntese

Neste capítulo, mostramos que o turismo é importante para o país à medida que, como atividade econômica, apresenta resultados que irão influenciar na balança comercial. Para que você tivesse uma visão dessa importância, inicialmente apresentamos as contas nacionais e como os indicadores apontados por elas mapeiam a situação de um determinado país. Vimos a dificuldade em apresentar dados abrangentes e reais da importância da atividade turística e sua interligação com as demais atividades econômicas de um país, advindo daí a importância da Conta Satélite do Turismo (CST), tema também aqui estudado. Aconselhamos que você se familiarize e se aprofunde ainda mais nos temas apresentados por meio de artigos e dados específicos disponíveis tanto nos órgãos oficiais como em estudos e artigos publicados.

O setor público apresenta uma inegável ligação com o turismo, por isso devemos tratá-lo com atenção especial, de modo a apontar dados e informações que permitam uma estimativa mais precisa dos impactos e da importância do turismo como atividade representativa do desenvolvimento do país.

Questões para revisão

1. Quando o governo realiza negociações e transações, ele o faz considerando os valores atrelados ao seu tesouro, os quais são compostos pela arrecadação de impostos, pelas taxações ou pelas contribuições. São esses valores que compõem a receita fiscal. A esse respeito, é possível afirmar:

   I. O imposto direto é aquele que incide diretamente sobre a renda ou o capital do indivíduo. Um exemplo é o Imposto de Renda (IR).

   II. O imposto indireto é aquele que incide sobre o produto, não sobre a renda. O Imposto sobre Produtos Industrializados (IPI) é um exemplo desse imposto.

   III. As contribuições são tributos que têm como fato gerador o benefício que proporcionam a quem as paga. O valor cobrado pela construção de um calçamento na rua é um exemplo desse imposto.

   IV. As taxas são valores pagos por um serviço utilizado ou que está à disposição, gerando despesas ao Poder Público. O Imposto sobre Comércio de Mercadorias e Serviços (ICMS) é um exemplo dessa taxa.

   Estão corretas as afirmativas:

a) I, II, IV.

b) II, III, IV.

c) I, III, IV.

d) I, II, III.

2. Considerando a Conta Satélite do Turismo (CST) e as diretrizes da OMT, assinale a alternativa **incorreta** em relação às informações que essa conta deverá oferecer:

a) Os agregados econômicos comuns às outras contas nacionais.

b) Os dados referentes ao consumo turístico.

c) Os dados relativos ao desempenho das atividades da produção do turismo.

d) Os dados relativos ao desempenho da câmara federal, apontando principalmente a criação de leis de incentivo ao desenvolvimento do turismo.

3. Considerando que a CST permite a mensuração dos impactos econômicos do turismo de forma mais pontual e segura, cite quais são os principais pontos positivos que justificam a implementação e a aplicação dessa conta.

4. A balança comercial é a relação entre o volume das exportações e das importações de determinado país. Ela apresenta, portanto, o comportamento de um país diante do comércio internacional. Considerando os conceitos de importação e de exportação, assinale (V) para a(s) alternativa(s) verdadeira(s) e F para a(s) falsa(s):

( ) As exportações representam as compras de bens e serviços nacionais feitas por agentes econômicos de outros países, o que significa que elas se referem à saída de bens e serviços internos para outros países.

( ) As importações representam as compras realizadas por agentes estrangeiros em um país que não seja o deles, o que significa que elas se referem à entrada de bens e serviços estrangeiros em um país.

( ) Quando um país exporta um volume maior de bens e serviços comparado ao volume que importa, dizemos que a balança comercial é negativa, o que representa um déficit.

( ) Quando o fluxo monetário resultante das importações em um país é maior que o das exportações, tem-se uma balança comercial positiva, o que representa um superávit.

5. Descreva a importância do turismo na composição da balança comercial brasileira.

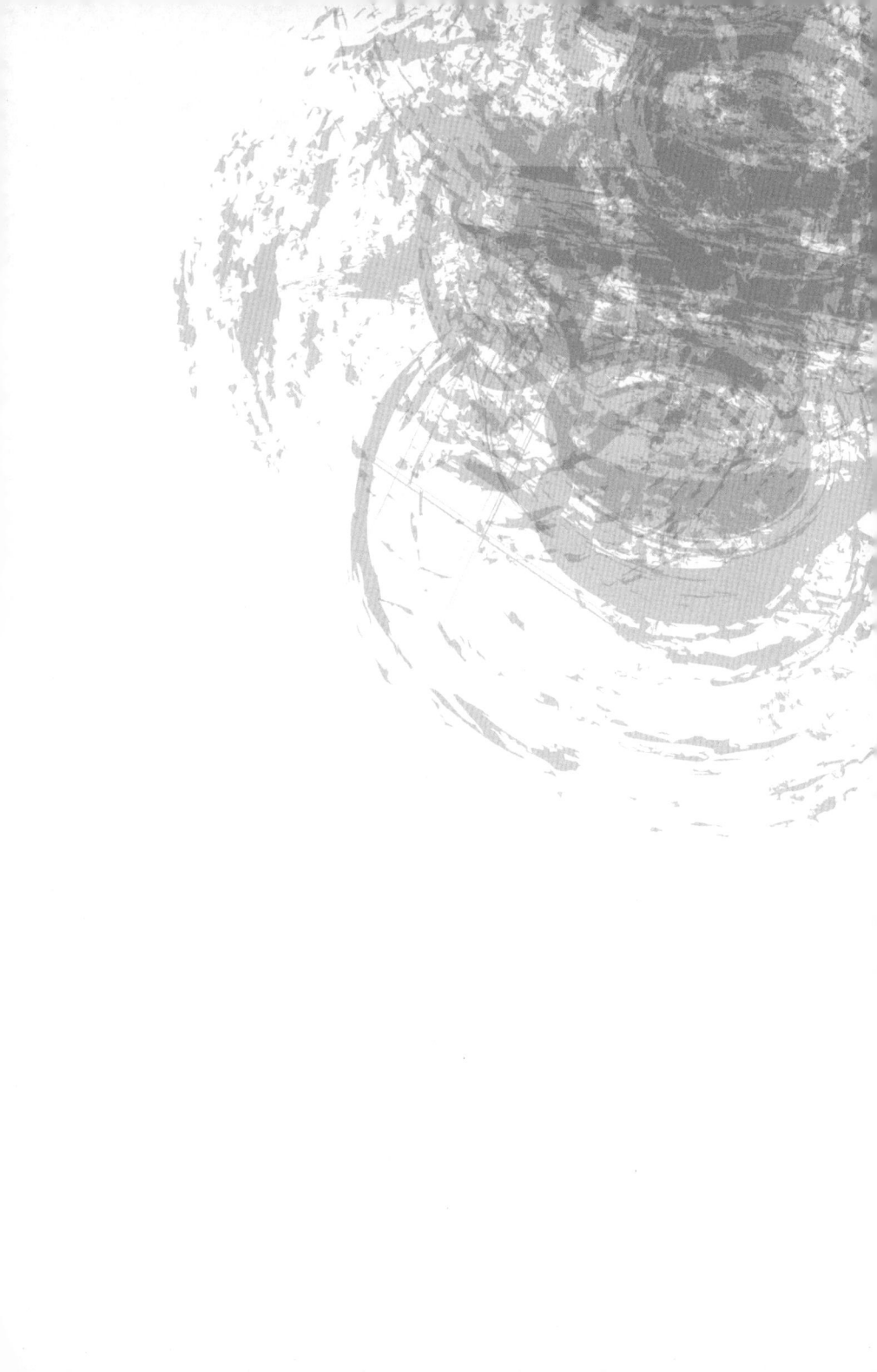

7 crescimento e desenvolvimento econômico: uma abordagem para o turismo

conteúdos do capítulo:

> Impactos econômicos do turismo.
> Crescimento e desenvolvimento econômico.
> Turismo e desenvolvimento econômico.

após o estudo deste capítulo, você será capaz de:

1. relacionar os principais impactos econômicos positivos do turismo;
2. identificar os principais impactos econômicos negativos do turismo;
3. diferenciar *crescimento* de *desenvolvimento econômico*;
4. compreender o turismo como propulsor do desenvolvimento econômico de um país.

O turismo consegue colaborar de forma crescente para o crescimento econômico de um país à medida que cria empregos, aumenta a renda e gera divisas, por exemplo. Além disso, colabora com a diminuição das desigualdades regionais e o fornecimento de obras de infraestrutura melhora a qualidade de vida da população. Este capítulo trata exatamente do turismo no contexto do crescimento e do desenvolvimento econômicos. Nesse sentido, apresentaremos os principais impactos econômicos do turismo, tanto os positivos quanto os negativos, além de diferenciarmos o crescimento do desenvolvimento econômico e destacarmos o turismo como propulsor do desenvolvimento econômico de um país.

7.1 Impactos econômicos do turismo

A atividade turística requer o envolvimento de recursos para o seu desenvolvimento e, como qualquer outra atividade, produz impactos favoráveis e desfavoráveis. Os impactos ocasionados pela atividade turística podem ser classificados, conforme Lage e Milone (2001), em diretos, indiretos e induzidos. Por **impactos diretos**, entendemos aqueles que resultam em renda criada diretamente pelos setores turísticos, como é o caso dos gastos realizados exclusivamente com o setor do turismo. Nos **impactos indiretos**, temos todas as rendas derivadas dos gastos dos setores turísticos, as quais são disponibilizadas em toda a economia. Por fim, os **impactos induzidos** são aqueles que se apresentam em toda a economia decorrentes dos impactos diretos e indiretos.

Vamos citar um exemplo a fim de que você entenda melhor esses impactos.

Um turista chega a determinado município e hospeda-se em um hotel. Os gastos com a diária do hotel geram uma receita direta para o estabelecimento, a qual classificamos como um *impacto direto*. O hotel, por sua vez, vai até a padaria e adquire produtos para o café da manhã que oferecerá ao turista. Esse impacto, a renda gerada na padaria pela venda dos produtos a um setor do turismo, é considerado um *impacto indireto*. Por fim, a padaria, com a venda de produtos ao hotel, terá sua renda aumentada, já que serve a um público adicional àquele que atende comumente na localidade. Essa renda adicional será gasta na compra de mais produtos nos estabelecimentos locais, como é o caso de uma compra maior de farinha para a produção de pães e bolos. Os estabelecimentos onde foram comprados os ingredientes irão agir da mesma forma, aumentando o consumo e a renda local. Esse impacto é o que chamamos de *induzido*, já que a economia de toda a localidade será afetada pelo consumo turístico. Vamos analisar, neste capítulo, os diversos impactos causados pelo turismo na economia.

Um importante impacto provocado pelo turismo na economia é o aumento da renda do local que recebe o turista. Um país, ao ser visitado por turistas estrangeiros, apresenta aumento de renda, pois os turistas injetam uma quantidade de dinheiro na economia local. Obviamente, a magnitude desse impacto sobre a economia depende do nível de desenvolvimento do país, já que o turista exige uma estrutura adequada, que deve ser fornecida pelo país anfitrião. Então, quanto mais estruturado é o país, menos gastos ele terá de efetuar para incrementar a atividade turística, o que implica um efeito multiplicador muito maior dessa atividade na economia. Entretanto, quando o país não apresenta uma infraestrutura adequada e quando há dependência da atividade turística de equipamentos e serviços externos, menor o valor retido pela atividade no país receptor. A esse respeito, Cunha (1997, p. 251) escreve:

O impacto de um rendimento inicial originado por uma despesa turística é maior do que o rendimento inicial em virtude das sucessivas despesas por ele relacionadas. Por exemplo, a despesa de um turista num hotel é utilizada por este para pagar os salários de seus empregados. Estes adquirem bens alimentares numa mercearia, e, eventualmente, poupam uma parte. Esta parte é a primeira filtração na cadeia, mas a aquisição de bens alimentares proporciona uma receita à mercearia que é destinada a pagar a renda do estabelecimento. O senhorio do estabelecimento gastará o dinheiro recebido num restaurante que, por sua vez, terá de adquirir carne importada da Argentina. O valor desta é eliminado da cadeia porque vai gerar um rendimento noutro país e constitui, tal como a poupança, uma nova filtração.

A razão entre o total dos recursos gastos com importação e os recursos recebidos das exportações é chamada de *razão de reflexão do turismo* (RRT). Quanto mais alta essa razão, menos positivo é o efeito multiplicador da atividade turística em um país. Em alguns países, essa taxa é tão alta que os governos começam a questionar a viabilidade da atividade turística como fonte de obtenção de divisas econômicas. Lage e Milone (2001) citam o caso do Caribe, onde, de cada dólar recebido do exterior, apenas 30 *cents* permaneciam no país, enquanto os outros 70% eram destinados ao pagamento das importações de produtos e serviços para atender ao turista.

Questão para reflexão

Um governo, para obter benefícios significativos e potencializar a entrada de divisas por meio do turismo, deve desenvolver a indústria nacional, priorizando a realidade local. Dessa forma, deve produzir bens e serviços que utilizem os recursos internos. Identifique e analise quais são as principais dependências do Brasil ante as exigências dos turistas estrangeiros. Como fazer para reduzir as dependências, diminuindo a importação de produtos e serviços turísticos?

O estímulo aos investimentos e à geração de empregos são outros impactos positivos vinculados ao turismo. Sem dúvida alguma, esse setor necessita de investimentos, tanto em infraestrutura, que será compartilhada entre residentes e turistas, como em estruturas que venham ao encontro das demandas turísticas em um país, em uma região ou em um local específico. Muitos locais necessitam de investimentos em edificações, estradas ou melhorias, além de mudanças que atendam às constantes evoluções do produto e serviço turístico, o que ocasionará uma demanda por mão de obra, principalmente na construção civil. Mas existe também a necessidade de mão de obra em diversos pequenos estabelecimentos, que oferecem vários itens compartilhados pelos residentes com os turistas, como é o caso dos restaurantes, das lavanderias, das farmácias, das lojas, entre outros. Afora isso, existem aqueles empregos gerados por vínculo direto com a atividade turística, como os oferecidos em um estabelecimento hoteleiro.

Segundo Lage e Milone (2001), o turismo necessita de mão de obra intensiva, ou seja, de uma expressiva quantidade de trabalhadores. No entanto, para os autores, a exigência de qualidade dessa mão de obra não é alta, o que implica baixos salários e pouca qualificação. Obviamente, a geração de empregos e investimentos proporcionados com o desenvolvimento da atividade turística em uma região dinamiza a economia local, estimulando a permanência de determinadas camadas populacionais que, sem esse fato gerador, teriam de buscar trabalho em outras regiões. A localidade também ganha com isso, afinal, com a renda gerada pela atividade turística, é possível arrecadar mais tributos, permitindo maior investimento em infraestrutura social, deflagrando um círculo virtuoso de crescimento.

O quadro a seguir representa a dinâmica dos gastos turísticos, apresentando os principais gastos dos turistas e das empresas e os principais favorecidos com os recursos utilizados tanto na produção quanto no consumo dos bens e serviços turísticos.

Quadro 7.1 – *Fluxo de gastos turísticos no sistema econômico*

Fluxo de gastos turísticos no sistema econômico			
Turistas gastam em: (origem dos gastos)	A indústria gasta em: (destino dos gastos)	Beneficiários finais	
01. Acomodação	› Salários e ordenados	› Acessórios para praia	› Agências de automóveis
02. Alimentação	› Gorjetas	› Acionistas, advogados	› Agências de publicidade
03. Bebidas	› Comissões	› Administradores	› Arquitetos
04. Transporte	› Música e lazer	› Açougueiros	› Artistas e artesãos
05. Passeios	› Gastos administrativos	› Agências de viagens	› Balconistas
06. Recreação	› Serviços legais e profissionais		› Bancos
07. Presentes e *"souvenirs"*			

(continua)

(Quadro 7.1 – conclusão)

Fluxo de gastos turísticos no sistema econômico

Turistas gastam em: (origem dos gastos)	A indústria gasta em: (destino dos gastos)	Beneficiários finais	
08. Fotografia 09. Remédios e cosméticos 10. Roupas etc. 11. Outros	› Compra de bebidas e alimentos › Compra de materiais › Manutenção e consertos › Publicidade e propaganda › Serviços de utilidade pública › Transporte › Licenças › Prêmio de seguros › Aluguéis › Mobiliário e instalações › Amortização de empréstimos › Impostos diretos e indiretos › Reposição de capital fixo › Pagamento de retorno ao investimento › Outros	› Boates e discotecas › Caixas › Carpinteiros › Clubes › Companhias de seguros › Companhias de transportes › Contadores › Construtores › Corretores de imóveis › Cozinheiros › Dentistas › Editores › Eletricistas › Engenheiros › Empresas de laticínios › Oficinas › Atacadistas › Eventos esportivos › Faxineiras, arrumadeiras › Hotéis, motéis › Complexos turísticos › Financeiras, gráficas	› Importadoras › Jornais, rádios › Locadoras de autos › Lojas de roupas › Lojas de equipamentos › Lojas de *souvenirs* › Lojas de móveis › Fábricas de móveis › Médicos › Professores › Mercearias › Pescadores › Organizações culturais › Restaurantes, bares › Sindicatos › Teatros, cinemas › Lavanderias › Farmácias › Borracheiros › Outros

Fonte: Adaptado de Inskeep, 1991, p. 388.

O turismo funciona também como um meio de redistribuir riquezas, já que leva consigo determinada renda para gastar no local visitado. Assim, no caso do Brasil, por exemplo, é muito comum que pessoas de cidades industrializadas busquem regiões menos desenvolvidas industrialmente para seus destinos turísticos, como é o caso de algumas praias no Nordeste do país. Dessa forma, há uma redistribuição de riquezas que seria mais difícil de acontecer de outro modo. A transferência de renda dos municípios mais ricos para outros mais pobres ocorre de maneira natural e satisfatória no turismo, sendo inclusive aconselhável o estímulo do turismo interno como fonte geradora dessa redistribuição.

O turismo apresenta também alguns impactos negativos, que devem ser considerados e que merecem a análise e o conhecimento de todos os envolvidos, incluindo a população residente, já que esta sente os efeitos dessa repercussão de modo direto e significativo. A pressão inflacionária é comum nos locais onde a atividade turística está presente. Como os turistas, de modo geral, têm uma capacidade de gastos maior que a dos residentes, já que trazem consigo determinada quantidade de renda e demonstram predisposição a gastá-la, os locais, os produtos e os serviços que eles venham a utilizar tendem a ter preços elevados em épocas de procura acentuada, prejudicando a população local, que também sente os efeitos desse aumento de preços em itens de primeira necessidade, como alimentação, transportes, vestuário e habitação. O preço da terra também costuma ser mais alto em locais turísticos, o que é um problema para os residentes, que encontram dificuldades em adquirir seu imóvel. Outro ponto negativo de relevância é a dependência de uma localidade em relação à atividade turística. O turismo é importante como atividade de desenvolvimento desde que aliado a outras atividades que caminhem no mesmo sentido. Assim, Lage e Milone (2001, p. 135) afirmam que "não é aconselhável que os países em desenvolvimento adotem políticas de crescimento econômico regional e, principalmente, global baseadas unicamente na expansão do setor turístico de suas economias". O que os autores alegam é que a dependência do turismo dispõe a localidade a uma atividade bastante sensível e vulnerável às flutuações de demanda, às questões climáticas, aos comportamentos econômicos interno e externo dos países e à sazonalidade característica da própria atividade turística.

Outro fator negativo se apresenta quando, por vezes, os governos dos países em desenvolvimento descuidam de suas prioridades de investimentos, priorizando a fomentação do turismo em vez de cuidar de itens prioritários para o desenvolvimento do país, como educação, saúde, moradia, transporte e outros itens fundamentais para o bem-estar social – estes, sim, principais focos de preocupação de um governo. Obviamente, o turismo também merece um olhar cuidadoso, com pautas específicas de investimentos, mas isso deve levar em conta os resultados dos custos e benefícios envolvidos. O governo deve, antes de tudo, ser fomentador do desenvolvimento dessa atividade, deixando-a na mão da iniciativa privada sempre que possível, de modo a permanecer atento ao seu atributo principal, que é proporcionar o bem-estar da população.

Por fim, existem ainda os custos ambientais e os custos sociais resultantes do turismo. Podem ser citados como impactos negativos as modificações de valores e atitudes ocasionadas pelo turismo na localidade receptora: o chamado *efeito imitação*, que se reflete nas atitudes e nos figurinos aderidos pela comunidade receptora; os passivos ambientais sentidos nos locais turísticos; e os conflitos socioculturais gerados na troca entre a economia do turismo e o modo de vida local. Considerando esses impactos, vários grupos manifestam-se de variadas formas com relação ao desenvolvimento da atividade turística em um país: o governo, a indústria, os negociantes, as elites profissionais, os residentes e os grupos de interesse.

Para o governo, o turismo pode servir aos interesses do desenvolvimento socioeconômico. Portanto, é de seu interesse o desenvolvimento de políticas direcionadas a esse setor que maximizem os benefícios proporcionados pela indústria turística. Por isso, é de responsabilidade governamental a elaboração de políticas detalhadas, que congreguem todos os setores envolvidos na atividade, nos âmbitos federal, estadual e municipal.

A indústria do turismo é um importante grupo de interesse, já que seus administradores e empresários veem o turismo como uma atividade lucrativa, quando comparada a outras atividades. Esse grupo de interesse é capaz de fornecer informações, estatísticas e relatórios que subsidiem as políticas governamentais. Embora o governo tenha interesse público no turismo e as indústrias desse setor apresentem interesse privado, suas diretrizes não são, em geral, conflitantes, o que permite que eles trabalhem em parceria para o desenvolvimento da atividade no país.

Os negociantes e as elites profissionais concebem o turismo como uma atividade benéfica, já que essa atividade adquire maior lucratividade em seus negócios. Assim, hotéis, operadoras e companhias aéreas precisam de advogados e representantes locais. Médicos atenderão turistas podendo cobrar um valor superior àquele praticado em sua clínica local. Empresas, como imobiliárias, seguradoras e meios de comunicação, somente para citar alguns exemplos, veem suas operações dinamizadas pela presença do turismo em uma região.

Existem também alguns grupos que apresentam interesse especial no turismo, os quais, em geral, possuem consciência sobre os efeitos positivos e negativos desse setor e de como isso afeta toda a população. Tendem a ser bastante críticos, principalmente quando o turismo se inclina a beneficiar apenas algumas camadas específicas da população. Nesse contexto, eles tendem a desenvolver questões críticas como: turismo e meio ambiente, turismo de massa e conservação, turismo e desenvolvimento socioambiental etc. Estão presentes nessa categoria organizações não governamentais (ONGs), universitários, grupos culturais, igrejas e partidos políticos.

Por fim, o turismo deve ter como suporte de desenvolvimento a inclusão da comunidade receptora, pois esse é um grupo de expressivo interesse. O esforço do turismo envolve sempre a comunidade, que deve estar informada sobre os prós e os contras da atividade, além de entender a importância das atitudes de hospitalidade e acolhimento aos visitantes, já que a relação entre visitante e receptor vai além da estrutura visível do turismo. Por isso, deve-se ressaltar a importância das características e peculiaridades das pessoas da comunidade no que tange à educação e ao relacionamento interpessoal (comportamentos que envolvem atitudes que demonstram atenção como a prestação de informações). É importante também considerar a aparência das ruas; o estado de conservação das casas particulares; os serviços realizados à comunidade que se estendem aos turistas, como os transportes urbanos (ônibus e metrôs, por exemplo); e mais ainda: a aplicação de preços justos nos estabelecimentos comerciais. Dessa forma, os residentes aproximam o turista daquilo que lhes é caro, sublinhando a importância de recebê-los como comunidade, de modo que sintam a nítida sensação de acolhimento.

7.2 Crescimento e desenvolvimento

Você consegue diferenciar *crescimento* e *desenvolvimento*? Existe diferença entre esses dois conceitos?
É muito estranho ouvir alguém dizer que a mente cresce, não é? O corpo, entretanto, cresce. Por outro lado, você constantemente ouve as expressões: "a mente se desenvolve", ou "a educação auxilia no desenvolvimento da mente". Portanto, podemos ver que existe uma diferença entre os dois termos. Vamos entender essa diferença no contexto que nos importa.
Para a economia, o **crescimento** está ligado ao aumento da produção de bens e serviços em uma determinada região ou país; dessa forma, ele se relaciona ao PIB. O crescimento de um país ou de uma região também pode ser indicado pelo aumento da força de trabalho, pela ampliação da receita poupada e investida e pelo avanço tecnológico.
O **desenvolvimento** econômico, por sua vez, é mais amplo do que o conceito de crescimento econômico, porque considera, além do aumento da produção, a melhoria da qualidade de vida da população e as alterações na estrutura econômica. Para medir o desenvolvimento econômico, devemos buscar índices que contemplem a educação, a saúde, a renda, a

pobreza, o saneamento básico, a expectativa de vida, a distribuição de renda, entre outros. Atualmente, o mais utilizado é o Índice de Desenvolvimento Humano (IDH).

É importante entender o turismo no contexto do desenvolvimento econômico. Quando defendemos o turismo atendendo somente aos parâmetros de geração de rendas, ao aumento das divisas e à criação de empregos, estamos considerando apenas o crescimento econômico (Lage; Milone, 2001). Entretanto, com um planejamento adequado, é possível compreender a atividade turística como propulsora e integrante do desenvolvimento, já que essa atividade exige melhoria na infraestrutura da localidade, maior capacitação da mão de obra, melhoria na distribuição de renda e predisposição ao equilíbrio entre as diversas localidades do país.

Para entender o desenvolvimento, é necessário compreender as diferenças entre os países no que tange ao tamanho, à disponibilidade de recursos naturais e humanos e ao grau de dependência externa, tanto econômica quanto política.

Inúmeros estudos buscam entender a dinâmica do crescimento e do desenvolvimento econômico. Celso Furtado elaborou um estudo fundamental para o entendimento da economia brasileira. Dentre os grandes legados desse economista, destaca-se o estudo que detecta as semelhanças entre os países que buscam o desenvolvimento. Entre elas estão: o baixo crescimento do produto, a dificuldade na expansão da qualidade de vida, a dificuldade de se aumentar a empregabilidade das diversas camadas populacionais, a constância do subemprego e a estagnação dos níveis de concentração de renda.

Celso Furtado (1920-2004)

Considerado o maior economista brasileiro, Celso Furtado nasceu no sertão paraibano, na cidade de Pombal. Sua obra fundamental é o livro *A formação econômica do Brasil*, de 1959, em que apresenta um estudo profundo sobre subdesenvolvimento, desenvolvimento e economia brasileira. Para entender as causas do subdesenvolvimento brasileiro, o economista utilizou o modelo centro-periferia, ideia indispensável para o desenvolvimento dos seus estudos e de suas atividades como homem público, professor e intelectual. Além disso, buscou apresentar e entender as raízes do subdesenvolvimento, o que culminou na elaboração de uma teoria de desenvolvimento própria para o Brasil. Foi fundador e integrante da Comissão Econômica para a América Latina (Cepal). Em 1964, foi exilado e passou a residir em Paris, onde lecionou por 20 anos na Universidade de Sorbonne. Lecionou também em Cambridge, Yale, American e Columbia. Foi membro da Academia Brasileira de Letras e da Academia Brasileira de Ciência. Faleceu em 20 de novembro de 2004, no Rio de Janeiro.

Diante da necessidade de fomentar o desenvolvimento do turismo como forma de ampliar os benefícios dessa atividade no país, há de se entender que o planejamento adequado permite a diminuição das diferenças regionais, já que, nas regiões onde a indústria tradicional se mostra insipiente, o turismo apresenta-se como alternativa de emprego e renda, diminuindo a desigualdade regional. Também é importante salientar que, à medida que a atividade exige um aperfeiçoamento em obras de infraestrutura, esses benefícios se revertem para os residentes, como no caso do saneamento básico, do transporte público e da saúde pública.

Para saber mais

Busque dados, informações e índices das cidades brasileiras por meio do *site*: <http://www.ibge.gov.br>. Entre no *link cidades* e lá você obterá diversos dados importantes e relevantes para complementar seus estudos sobre turismo e desenvolvimento.

O turismo também é capaz de oferecer subsídios para os governos no que tange à proteção de recursos naturais e à conservação de edificações históricas, tradições culturais e práticas artesanais, já que, sem sua utilização como matéria-prima para o desenvolvimento dessa atividade, elas teriam menor possibilidade de manutenção. Por isso, a colaboração do turismo no caminho do desenvolvimento sustentável é positiva, uma vez que a atividade turística ajuda a conservar o meio ambiente e a elevar os índices de qualidade de vida da população.

Síntese

Inicialmente, neste capítulo, tratamos dos impactos econômicos do turismo. Buscamos mostrar os principais impactos positivos, como o aumento de renda do local visitado pelos turistas, a geração de empregos e a melhoria da infraestrutura do local – já que o turismo exige investimentos nessa área. Essa atividade também provoca a redistribuição de riquezas pela transferência de recursos das localidades emissoras para as receptoras.

Também abordamos os impactos negativos do turismo, especialmente em relação à população residente, como é o caso da pressão inflacionária de produtos, serviços e outros fatores (como a terra). Também citamos fatores negativos que derivam da atividade turística quando não planejada adequadamente, entre os quais destacamos a dependência exclusiva da atividade turística e a priorização de investimentos em razão do turismo, porque essas políticas prejudicam itens básicos, como a saúde e a educação.

Por fim, diferenciamos *crescimento* de *desenvolvimento econômico*, defendendo o turismo como propulsor do desenvolvimento, desde que promova o aumento do bem-estar da população receptora com seu efeito econômico multiplicador.

Questões para revisão

1. Considerando os impactos econômicos ocasionados pela atividade turística e a sua classificação, relacione corretamente:

   I. Impactos diretos
   II. Impactos indiretos
   III. Impactos induzidos

( ) Impactos que englobam todas as rendas derivadas dos gastos dos setores turísticos, as quais são disponibilizadas em toda a economia.

( ) Impactos que resultam em renda criada diretamente pelos setores turísticos, como é o caso dos gastos realizados exclusivamente com o setor do turismo.

( ) Impactos que se apresentam em toda a economia, decorrentes dos resultados da renda direta e derivados do turismo.

2. Quanto aos impactos do turismo, é possível identificar, em algumas localidades, uma inversão na prioridade dos investimentos quando analisamos o desenvolvimento da atividade turística. Por que essa inversão representa um impacto negativo para a localidade?

3. Considerando a diferença entre crescimento econômico e desenvolvimento econômico, relacione a primeira coluna com a segunda:

1. Crescimento econômico
2. Desenvolvimento econômico

( ) Ampliação da receita poupada e investida
( ) Melhoria da qualidade de vida da população
( ) Alterações na estrutura econômica
( ) Aumento da força de trabalho
( ) Avanço tecnológico
( ) Melhoria na distribuição de renda

4. Considerando os impactos positivos e os negativos resultantes do desenvolvimento econômico do turismo, relacione a primeira coluna com a segunda:

1. Impacto positivo
2. Impacto negativo

( ) Redistribuição de riquezas
( ) Aumento de renda do local visitado
( ) Pressão inflacionária
( ) Dependência em relação ao turismo
( ) Inversão na prioridade de investimentos
( ) Geração de emprego

5. O desenvolvimento da atividade turística em uma localidade pode ser entendido levando-se em conta tanto a dinâmica do crescimento quanto a do desenvolvimento econômico. De que forma você entende o turismo e o que deve ser feito para que seus efeitos funcionem como fator de desenvolvimento econômico?

para concluir...

Com este livro, buscamos proporcionar, de forma teórica e prática, aspectos econômicos ligados ao turismo, oferecendo subsídios para que profissionais, interessados e estudiosos compreendam a importância que o setor apresenta, atrelada ao fato de os resultados dessa atividade dependerem da qualificação de seus produtos e serviços, da competência de seus profissionais e da capacidade para a competitividade perante os desafios apresentados pelo mercado em geral.

O entendimento do turismo como atividade econômica é de vital importância para que a sociedade compreenda e solucione as diversas questões que surgem no processo de crescimento e desenvolvimento do turismo, especialmente no Brasil. Por isso, entendemos que os termos empregados pela economia do turismo se entrelaçam com todos os estudos relacionados às áreas correlatas a ele, as quais não são poucas, de modo a desenvolver essa atividade de forma sustentável e dinâmica, contribuindo para o desenvolvimento local.

Nos sete capítulos em que está dividido, o livro apresenta temas que procuram auxiliar você, leitor, a formular um pensamento econômico capaz de traduzir a importância do turismo como atividade de crescimento e desenvolvimento. A ciência econômica é traduzida em termos e conhecimentos que buscam relacionar-se com o turismo, como forma de oferecer aos leitores uma visão econômica dessa atividade. Por isso, foram apresentadas as escolas econômicas, seus principais pensadores, além das leis e teorias que compõem o legado principal dessa história. Também abordamos os fundamentos da microeconomia, com enfoque para o produto turístico e para as características e os determinantes da oferta e da procura. O comportamento das firmas foi traduzido na ênfase ao estudo dos custos e das receitas. Discutimos as estruturas de mercado e a importância das externalidades diante das leis e normas necessárias para o bom andamento do mercado.

Ao tratar da macroeconomia, adotamos uma visão que privilegia o estudo do setor público e da importância do turismo para a composição das contas nacionais, já que a atividade turística pode contribuir de forma positiva nos agregados econômicos. Para a construção desse ponto, oferecemos uma discussão sobre os índices econômicos, um esboço sobre os objetivos e os instrumentos da política econômica e um estudo específico sobre as contas nacionais, os tributos, a balança comercial e a conta satélite do turismo.

Os impactos econômicos do turismo também foram discutidos, assim como o seu crescimento e seu desenvolvimento, entendendo que a atividade turística participa de modo definitivo nesse processo. Por fim, salientamos que este livro foi organizado com as distinções, os fatores determinantes e as decorrências do fenômeno turístico, analisando-os sob a ótica econômica.

Esperamos que o livro tenha ajudado você, leitor, a compreender conceitos fundamentais de economia e de turismo, contribuindo na sua qualificação profissional e aumentando sua capacidade de entender e atuar em um mercado atraente e dinâmico.

referências

ANDRADE, M. C. **Geografia econômica**. 12. ed. São Paulo: Atlas, 1998.

ANSOFF, H. I. **Estratégia empresarial**. São Paulo: McGraw-Hill, 1977.

ANUATTI NETO, F. Regulamentação dos mercados. In: PINHO, D. B.; VASCONCELOS, M. A. S. de (Org.). **Manual de economia**. 5. ed. São Paulo: Saraiva, 2004. p. 223-241.

BALANZÁ, I. M.; NADAL, M. C. N. **Marketing e comercialização de produtos turísticos**. São Paulo: Thomson, 2003.

BENI, M. **Análise estrutural do turismo**. 13. ed. São Paulo: Senac, 2008.

BNB – Banco do Nordeste do Brasil. Produtos e atrativos turísticos. In: _____. **Plano de Desenvolvimento Integrado do Turismo Sustentável**. Fortaleza, 1999. p. 302-351. Disponível em: <http://www.bnb.gov.br/content/aplicacao/prodetur/downloads/docs/ls_3_8_produtos_turisticos_e_atrativos_090708.pdf>. Acesso em: 14 nov. 2013.

BRASIL. Constituição (1988). **Diário Oficial da União**, Brasília, DF, 5 out. 1988. Disponível em: <http://www.planalto.gov.br/ccivil_03/constituicao/constituicaocompilado.htm>. Acesso em: 18 nov. 2003.

BRASIL. Ministério do Turismo. **Inventário da oferta turística**. 2011. Disponível em: <http://www.inventario.turismo.gov.br/invtur/downloads/formularios/inventariacao_da_oferta_turistica.pdf>. Acesso em: 21 nov. 2013.

BRASIL. Ministério do Esporte e Turismo. Disponível em: <http://www.turismo.gov.br>. Acesso em: 18 nov. 2013.

_____. **Embratur**: Instituto Brasileiro de Turismo. Disponível em: <http://www.turismo.gov.br/turismo/o_ministerio/embratur/>. Acesso em: 21 nov. 2013.

_____. Ministério do Turismo. Programa de Regionalização do Turismo. **Índice de competitividade do turismo nacional**: 65 destinos indutores do desenvolvimento turístico regional. Ouro Preto, 2011. Disponível em: <http://www.ouropreto.mg.gov.br/portaldoturismo/upload/arquivos/2012-09-04-74c6d40b13.pdf>. Acesso em: 20 nov. 2013.

BRASIL. Ministério do Turismo. Secretaria Nacional de Políticas de Turismo. **Segmentação do turismo e o mercado**. Brasília. 2010. Disponível em: <http://www.turismo.gov.br/export/sites/default/turismo/o_ministerio/publicacoes/downloads_publicacoes/Segmentaxo_do_Mercado_Versxo_Final_IMPRESSxO_.pdf>. Acesso em: 21 nov. 2013.

_____. Receita Federal. Secretaria da Receita Federal. Instrução Normativa n. 130, de 10 de novembro de 1999a. **Diário Oficial da União**, Brasília, 11 nov. 1999. Disponível em: <http://www.receita.fazenda.gov.br/Legislacao/ins/Ant2001/1999/in13099.htm>. Acesso em: 21 nov. 2013.

_____. Instrução Normativa n. 162, de 31 de dezembro de 1998. **Diário Oficial da União**, Brasília, 7 jan. 1999b. Disponível em: <http://www.receita.fazenda.gov.br/Legislacao/ins/Ant2001/1998/in16298.htm>. Acesso em: 21 nov. 2013.

BRUE, S. L. **História do pensamento econômico**. São Paulo: Cengage Learning, 2011.

CARVALHO, J. L. et al. **Fundamentos de economia**: microeconomia. São Paulo: Cengage Learning, 2008. v. 2.

CARVALHO, L. C. P.; VASCONCELOS, M. A. S. de. **Introdução à economia do turismo**. São Paulo: Saraiva, 2006.

CHAUI, M. **Convite à filosofia**. 12. ed. São Paulo: Ática, 2002.

CUNHA, L. **Economia e política do turismo**. Lisboa: McGraw-Hill, 1997.

EMBRATUR – Instituto Brasileiro de Turismo. **Conta Satélite do Turismo**. Brasília, 1999.

ENGELS, F. **A origem da família, da propriedade privada e do estado**. São Paulo: Centauro, 2004.

FEIJÓ, C. A. et al. **Contabilidade social**: o novo sistema de contas nacionais do Brasil. 2. ed. Rio de Janeiro: Campus, 2003.

IGNARRA, L. R. **Fundamentos do turismo**. São Paulo: Thomson Learning, 2003.

INSKEEP, E. **Tourism Planning**: An Integrated and Sustainable Development Approach. New York: Van Nostrand Reinhold, 1991.

JEVONS, S. **A teoria da economia política**. São Paulo: Abril Cultural, 1983. (Coleção Os Economistas).

LAGE, B. H. G.; MILONE, P. C. **Economia do turismo**. 7. ed. São Paulo: Atlas, 2001.

LOHMANN, G.; NETTO, A. P. **Teoria do turismo**: conceitos, modelos e sistemas. São Paulo: Aleph, 2008.

LOPES, J. C; ROSSETTI, J. P. **Economia monetária**. 6. ed. São Paulo: Atlas, 1995.

MALTHUS, T. R. **Economia**. São Paulo: Ática, 1982.

MANKIW, N. G. **Introdução à economia**: princípios de micro e macroeconomia. 5. ed. Rio de Janeiro: Cengage Learning, 2010.

MARSHALL, A. **Princípios de economia política**: tratado introdutório. São Paulo: Abril Cultural, 1982. (Coleção Os Economistas).

MAXIMIANO, A. C. A. **Introdução à administração**. São Paulo: Atlas, 2006.

MENGER, C. G. **Princípios de economia política**. São Paulo: Abril Cultural, 1983. (Coleção Os Economistas).

MONTEJANO, J. M. **Estrutura do mercado turístico**. São Paulo: Roca, 2001.

MONTORO FILHO, A. F. Teoria elementar do funcionamento do mercado. In: PINHO, D. B.; VASCONCELOS, M. A. S. de (Org.). **Manual de economia**. São Paulo: Saraiva. 1996. p. 109-141.

OLIVEIRA, R.; GENNARI, A. M. **História do pensamento econômico**. São Paulo: Saraiva, 2009.

OMT – Organización Mundial del Turismo. **Conta Satélite do Turismo (CST)**: quadro conceptual. Madrid, 1999.

O'SULLIVAN, A.; SHEFFRIN, S.; NISHIJIMA, M. **Princípios de economia**. Rio de Janeiro: LTC, 2000.

PAGE, J. S. **Transporte e turismo**: perspectivas globais. Porto Alegre: Bookman, 2008.

PINHO, D. B.; VASCONCELOS, M. A. S. de (Org.). **Manual de economia**. 4. ed. São Paulo: Saraiva, 2003.

PINHO, I. Produtos e serviços turísticos: aspectos conceituais e caracterização. In: _____. **Fundamentos do turismo**. Rio de Janeiro: UFRRJ, 2013. Aula 15, p. 23-48. Disponível em: <http://www.ivanpinho.com.br/downloads/fundamentos_turismo/17417_Fundamentos_de_Turismo_Aula_15_Vol_1.pdf>. Acesso em: 19 nov. 2013.

PORTAL BRASIL. **Economia**: balança comercial brasileira. Disponível em: <http://webcache.googleusercontent.com/search?q=cache:_DwgjQLm_6QJ:www.portalbrasil.net/economia_balancacomercial.htm+&cd=1&hl=ptBR&ct=clnk&gl=br>. Acesso em: 21 nov. 2013.

RICARDO, D. **Princípios da economia política e tributação.** São Paulo: Abril Cultural, 1996. (Coleção Os Economistas).

ROSSETTI, J. P. **Introdução à economia.** 19. ed. São Paulo: Atlas, 2002.

ROSSETTI, J. P.; LEHWING, M. L. **Contabilidade social.** São Paulo: Atlas, 1986.

SAMUELSON, P. A. **Introdução à análise econômica.** 8. ed. Rio de Janeiro: Agir, 1975.

SANDRONI, P. **Novíssimo Dicionário de Economia.** São Paulo: Best Seller, 1999.

SAY, J. B. **Tratado de economia política.** São Paulo: Abril Cultural, 1983.

SIMONSEN, M. H.; CYSNE, R. P.: **Macroeconomia.** São Paulo: Atlas, 2000.

SMITH, A. **A riqueza das nações**: investigação sobre sua natureza e suas causas. 2. ed. São Paulo: Nova Cultural, 1985.

SOUZA, A. M.; CORRÊA, M. V. M. **Turismo**: conceitos, definições e siglas. 2. ed. Manaus: Valer, 2000.

TROSTER, R. L.; MOCHÓN, F. M. **Introdução à economia.** São Paulo: Makron Books, 2002.

VASCONCELLOS, M. A. S. **Economia**: micro e macro. 3. ed. São Paulo: Atlas, 2002.

VASCONCELLOS, M. A. S.; GARCIA, M. E. **Fundamentos de economia.** São Paulo: Saraiva, 2004.

respostas

capítulo 1

1. Alternativa **b**. O turismo não pertence ao setor secundário, ou setor de transformação, mas ao setor terciário, ou setor de serviço.

2. A relação correta seria 3, 2, 4, 1. A sociedade comunal primitiva caracteriza-se pela ausência de propriedade. A sociedade feudal mantinha uma relação de trabalho baseada na subordinação do servo ao senhor. O mercantilismo enfatiza a acumulação de ouro e prata, enquanto o fisiocracismo enfatiza a lei natural e a ausência da interferência do governo.

3. Entre as principais ideias defendidas por Adam Smith estão a identificação do bem-estar das nações atrelado ao seu produto anual *per capita*; o trabalho humano como a causa da riqueza das nações; a defesa da livre-iniciativa do mercado, também chamada de *laissez-faire*; a divisão do trabalho como um fator de crescimento econômico; a teoria

da mão invisível como lei que rege o mercado; e as restrições ao papel do Estado na economia.

4. A sequência correta é 1, 5, 4, 3, 2. A teoria do valor é de Alfred Marshall. A lei da utilidade marginal decrescente é de Carl Menger. A lei dos mercados é de Jean-Baptiste Say. A teoria da mão invisível é de Adam Smith e a lei das vantagens comparativas, de David Ricardo.

5. Espera-se que o aluno consiga entender que, inicialmente, devemos identificar as potencialidades turísticas do município, verificar os diferenciais apresentados por essas potencialidades perante os outros municípios da região e direcionar todos os esforços para o desenvolvimento da atividade turística, utilizando tais potencialidades como vantagem comparativa para a captação do fluxo de turistas.

capítulo 2

1. A sequência que corresponde à resposta correta é a letra **b**: F, V, V, F.

Veja que:

Os consumidores dos produtos turísticos são chamados de *turistas*, sendo eles que procuram satisfazer necessidades mediante a aquisição de bens e serviços do mercado turístico.

As empresas turísticas são as organizações que entendem o turismo como uma oportunidade para obtenção de lucro, mediante a troca de diversos tipos de bens e serviços pelo maior valor agregado no mercado.

O governo entende o turismo como importante à medida que este assume um papel econômico, relacionado à geração de emprego e renda, ao aumento das divisas do país, à redistribuição de riquezas e ao aumento da arrecadação de impostos. Os moradores pertencentes aos locais onde a atividade turística é desenvolvida são formadores da comunidade receptora. Para essa comunidade, o turismo representa possibilidade de desenvolvimento econômico e cultural.

2. A sequência correta é: 4, 3, 1, 3, 2, 1, 2, 4

Veja no tópico 2.1.2 os produtos ofertados no quadro dos atrativos turísticos.

3. A sequência correta é: 1, 1, 2, 2, 1, 2, 1, 2

Veja no tópico 2.1.2 os produtos ofertados no quadro de equipamentos e serviços turísticos e no quadro de infraestrutura de apoio turístico.

4. A intangibilidade é uma característica bem específica do produto turístico. Normalmente, esse produto não pode ser pesado, medido ou tocado, de forma que sua existência acontece de modo simultâneo à sua produção.

A impossibilidade de estocagem exprime a característica segundo a qual a maioria dos produtos turísticos não pode ser armazenada.

A imobilidade é a característica que traduz o obrigatório deslocamento do turista até os produtos turísticos adquiridos, já que estes não podem sofrer deslocamentos, ou seja, acompanhar o consumidor.

A inseparabilidade é a característica que diz respeito à produção dos bens e serviços turísticos. Essa produção ocorre ao mesmo tempo em que o consumo. Produção e consumo são simultâneos.

O princípio da heterogeneidade nos mostra que não é possível definir um padrão rígido na oferta turística justamente devido a todas as características anteriores.

5. Espera-se que o aluno consiga entender a segmentação como a divisão do mercado em partes mais ou menos homogêneas de indivíduos, com o objetivo de que uma empresa consiga atender aos gostos e às preferências específicas de cada grupo.

A sua importância vêm do fato de a identificação das características dos diversos grupos de consumidores permitir às empresas apontar grupos com padrões de consumo e comportamentos que determinarão os atributos que os produtos e serviços devem ter. Dessa forma, a segmentação de mercado para o turismo funciona como uma estratégia de *marketing*, com o principal objetivo de conquistar um público-alvo, diferenciando-se dos concorrentes, já que, a partir dela, serão estabelecidas características nos produtos e serviços turísticos que virão ao encontro das necessidades e dos desejos de determinado grupo de consumidores.

capítulo 3

1. A única alternativa verdadeira é **b**. É incorreto afirmar que a tecnologia, embora importante, não é um fator definitivo para a produção de bens e serviços. A tecnologia é, sim, um fator decisivo para a produção de bens e serviços.

A alternativa **a** é falsa, já que somente as afirmativas I e III estão corretas.

A alternativa **c** é falsa, já que não basta ter disponibilidade de reservas naturais em quantidade, pois os fatores que permitem seu conhecimento e seu aproveitamento é que fazem dessas reservas efetivamente um fator de produção.

2. A sequência correta é 2, 2, 1, 1, 2, 1.

Alguns fatores exógenos são: as políticas de governo, como decisões de congelamento de preços, subsídios, regulações de mercado e tabelamentos; as estratégias adotadas pelas outras empresas do setor; as estratégias dos fornecedores; os fenômenos naturais, como geadas, ondas excessivas de calor, temporais; alguns eventos sociais, como protestos, guerras civis, rebeliões. Alguns fatores endógenos que influenciam na formação dos preços são: a redução dos custos da empresa; as melhorias nos processos produtivos (o que também envolve o treinamento dos funcionários); as novas tecnologias que alteram os processos produtivos; as políticas de atração de mercado.

3. Quando a quantidade ofertada se encontra abaixo da desejada pelos consumidores, apresenta-se uma situação de escassez. Os consumidores competem pelas quantidades ofertadas, o que força uma elevação dos preços. Por outro lado, quando a oferta é maior que a procura, há um excesso de produção. Isso tende a elevar o estoque de produtos, provocando uma competição entre os produtores para vendê-los, o que acarreta redução dos preços. Nesse caso, ao longo do tempo, há um desinteresse dos produtores pela produção daqueles produtos, até que se atinja um ponto de equilíbrio. O governo faz interferências no mercado, de diversas formas, para aproximar o máximo possível um mercado de seu ponto de equilíbrio, já que nem a escassez nem o excedente são

interessantes para a economia. Entre as diversas formas de intervenção, podemos citar o estabelecimento de impostos, a política de preços mínimos na agricultura e o tabelamento de preços.

4. A sequência correta é 2, 3, 5, 4, 1.

5. Na estrutura de mercado denominada *concorrência imperfeita*, há um número relativamente grande de empresas com algum poder de concorrência, demonstrando, porém, diferenças em seus produtos e atendendo a segmentos diferenciados. As diferenças apresentadas podem ser as características físicas do produto, a embalagem ou a prestação de serviços complementares, chamada de *pós-venda*.

Na estrutura de mercado denominada *concorrência perfeita*, os produtos são homogêneos. Nesse mercado, existe uma transparência quanto aos preços aplicados, além de poucas possibilidades de manobras pelas empresas quanto à política de preços e um grande número de empresas ofertantes para tais produtos ou serviços.

Na estrutura de mercado denominada *oligopólio*, existe um grande número de empresas, porém poucas dominam o mercado em questão. Esse mercado é caracterizado pela similaridade ou não dos produtos entre si. O que diferencia o oligopólio dos outros mercados é que poucas empresas dominam e ditam as regras, seguidas pelas concorrentes.

Na estrutura de mercado denominada *monopólio*, existe apenas um fornecedor do produto ou serviço e muitos compradores, não havendo um substituto próximo do produto ou serviço oferecido.

capítulo 4

1. A sequência correta é 2, 3, 1.

2. O Produto Interno Bruto (PIB) é a somatória de todos os bens e serviços finais produzidos dentro das fronteiras de um país. O conceito do PIB não considera as riquezas recebidas do exterior por agentes econômicos que estão atuando fora do país. Também não desconta as rendas enviadas ao exterior, por isso o qualitativo de interno. O Produto Nacional Bruto (PNB) desconta as rendas enviadas pelos cidadãos de outros países e considera as rendas recebidas do exterior por agentes nacionais, por isso o termo *nacional* em sua nomenclatura.

   O PNB é o indicador mais utilizado nos Estados Unidos, enquanto no Brasil o indicador mais utilizado é o PIB. Normalmente, no Brasil, esse índice é maior que o PNB, já que as empresas transacionais que aqui atuam enviam grande parte de seus lucros para o seu país de origem, e, como vimos, o PIB não desconta esses valores. Já os Estados Unidos, ao contrário, têm um grande número de empresas com atuação global, recebendo, portanto, os lucros dessas empresas, o que aumenta o seu PNB, tornando-o maior que o valor do PIB.

3. A única alternativa falsa é a **d**. Quanto mais próximos de 1, maior o IDH. Os países com IDH abaixo de 0,499 apresentam, normalmente, problemas relativos à falta de educação básica e de saneamento básico, o que influencia o tempo de vida e as taxas de mortalidade entre os recém-nascidos.

4. A sequência correta é 3, 1, 2.

5. Espera-se que o aluno entenda o turismo como parte integrante do fluxo circular de renda. A economia se constitui de dois fluxos, um **monetário**, ou seja, de dinheiro, e outro, de **produtos**, denominado *fluxo real*. Dois mercados se fazem presentes nesse fluxo: o mercado dos fatores de produção, constituído pela mão de obra, pelo capital, pela terra, pela tecnologia e pelo empreendedorismo; e o mercado de bens e serviços, no qual estão os produtos e serviços que as empresas produzem e ofertam aos consumidores. O produto turístico é integrante desse mercado. O aluno também deverá perceber a figura do governo e o seu interesse no desenvolvimento do turismo, bem como o comércio internacional, já que o produto turístico de um país compõe a gama de produtos que definirá os resultados da balança comercial. Por fim, o fluxo circular conecta os quatro setores da economia: as famílias, as firmas, o governo e o resto do mundo. Espera-se que o aluno entenda essa conexão e compreenda o produto turístico integrante desse fluxo.

capítulo 5

1. A **inflação de demanda** normalmente acontece quando uma economia cresce com muita rapidez, passando a produzir muito próximo dos seus limites de recursos. A **inflação de custos** é caracterizada pelo aumento dos preços dos fatores de produção. Esse aumento ocasiona a retração da produção, ou seja, a diminuição da quantidade de bens e serviços ofertados, o que aumenta os preços. A **inflação inercial** acontece quando os aumentos de preços são automaticamente repassados para todos os demais preços da economia, autoalimentando-se constantemente.

2. A alternativa correta é a letra **a**.

3. A sequência correta é 5, 4, 3, 2, 1.

4. Todas as afirmativas estão corretas. A resposta certa é a letra **a**.

5. O aluno deverá responder que a taxa de câmbio é a medida do valor de uma unidade monetária de um país em relação aos demais países. Para o turismo internacional, ela apresenta uma importância vital. Se, por exemplo, houver uma queda do real ante o valor do dólar americano, as empresas brasileiras que produzem bens e serviços turísticos terão preços mais atrativos para o público norte-americano. No caso da queda do valor do real, o preço dos bens e serviços brasileiros serão muito mais atrativos para eles. Nesse caso, haverá um incremento no turismo receptivo. O contrário também é verdadeiro. Quanto menor o valor do dólar, maior o número de brasileiros que poderão viajar para os Estados Unidos, o que produz o aumento do turismo emissivo. Esse aumento ocasionará uma elevação nas despesas turísticas, influenciando o resultado da balança comercial.

capítulo 6

1. Somente a alternativa **d** está correta. A afirmativa IV é incorreta porque cita o Imposto sobre Comércio de Mercadorias e Serviços (ICMS) como exemplo dessa modalidade de arrecadação. O ICMS é um exemplo de imposto indireto. A taxa de coleta de lixo ou a taxa para funcionamento de um comércio seriam exemplos corretos.

2. A única alternativa incorreta é a letra **d**. Não são apontados nas contas nacionais dados relativos ao desempenho da câmara federal e nem é esse seu intuito.

3. Entre os principais pontos positivos que justificam a implementação e a aplicação da conta satélite do turismo estão: a disposição de dados que mensurem os resultados sobre os agregados macroeconômicos, que são componentes do PIB, e, portanto, definem a riqueza do país; a criação de uma conta produção do turismo, que implique efetivamente disposição de dados de emprego, inter-relações entre os setores e formação bruta de capital por ramo de atividade; a reunião de uma gama de informações que apresentem modelos e que sirvam como base tanto para a avaliação dos impactos e da importância do turismo como atividade constituinte do desenvolvimento do país quanto para a elaboração e a condução de políticas mais eficazes para o turismo no Brasil; e a disponibilização de dados quantitativos, portanto numéricos, para todos os interessados, e não somente para os envolvidos na atividade turística. Entre eles, teríamos dados acerca dos meios de hospedagem, das motivações para viajar, dos meios de transportes, do número de embarques e desembarques, dos destinos escolhidos, da procedência, e outros dados quantitativos, de forma a compor um real panorama do turismo no país.

4. A sequência correta é V, V, F, F. A exportação de um volume maior de bens e serviços comparativamente ao volume de importação resulta em um fluxo monetário positivo, o que chamamos de *superávit*. O contrário desse comportamento, quando o fluxo monetário resultante das importações é maior

que o das exportações, manifesta-se uma balança comercial negativa, que chamamos de *déficit*.

5. Espera-se que o aluno entenda que o turismo é relevante para a composição da balança comercial, já que as receitas turísticas englobam todos os gastos realizados pelos estrangeiros que vêm até o Brasil, e as despesas incluem todos os gastos de viagens realizados pelos brasileiros fora do país. Portanto, a diferença entre as receitas e as despesas turísticas irá influenciar o resultado da balança comercial. Também se espera que o aluno direcione seu olhar sobre outros dados importantes advindos do turismo para a balança comercial, como é o caso das contabilizações dos transportes turísticos e dos seguros. Por fim, ele deverá ter ciência de que o Brasil necessita buscar formas para apresentar superávit nos resultados do turismo.

capítulo 7

1. A sequência correta é II, I, III, já que, por *impactos diretos* entendemos aqueles impactos que resultam em renda criada diretamente pelos setores turísticos, como é o caso dos gastos realizados apenas com o setor do turismo. Nos impactos indiretos, apresentam-se todas as rendas derivadas dos gastos dos setores turísticos, as quais são disponibilizadas em toda a economia. Por fim, os impactos induzidos são aqueles que se apresentam em toda a economia, decorrentes dos impactos diretos e indiretos.

2. O aluno deverá entender que se identifica um impacto negativo quando, por vezes, os governos descuidam das prioridades de investimentos, priorizando a fomentação do turismo,

em vez de cuidar de itens prioritários para o desenvolvimento do país, como educação, saúde, moradia, transporte e outros itens fundamentais para o bem-estar social, estes, sim, principais focos de preocupação governamental.

3. A sequência correta é 1, 2, 2, 1, 1, 2.

4. A sequência correta é 1, 1, 2, 2, 2, 1.

5. Espera-se que o aluno diferencie *crescimento* de *desenvolvimento econômico*, entendendo o conceito de desenvolvimento como muito mais amplo e abrangente. Primeiramente, é importante entender o turismo no contexto do desenvolvimento econômico, porque ele funciona como gerador de rendas, criador de empregos e ampliador das divisas de uma localidade. Convém salientar que, com um planejamento adequado, é possível transformar a atividade turística em elemento propulsor e integrante do desenvolvimento, já que ela provoca melhoria na infraestrutura da localidade, maior capacitação da mão de obra, melhoria na distribuição de renda e predisposição ao equilíbrio entre as diversas localidades do país.

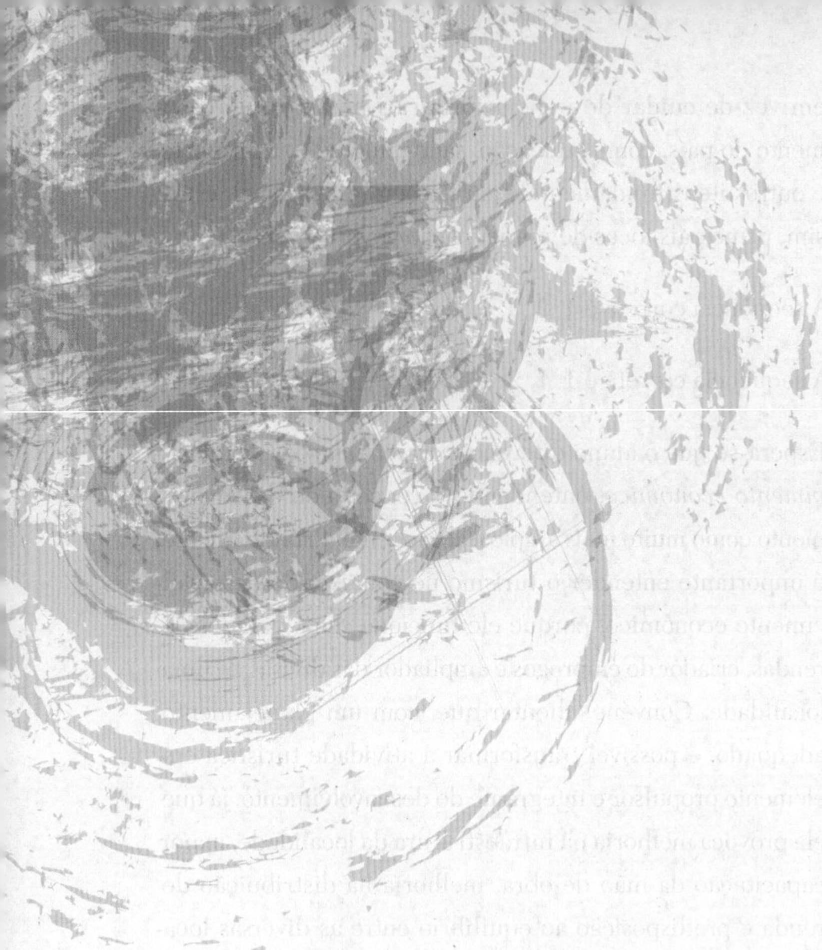

Sobre o autor

Pedro Monir Rodermel formou-se em Economia (1985) pela Universidade da Região de Joinville (Univille). Especializou-se em Administração de Empresas (1990) pela Fundação Escola de Comércio Álvares Penteado (Fecap), da Faculdade de Ciências Econômicas de São Paulo.

É docente na área de economia nos cursos de graduação em Administração e Turismo do Centro Universitário Uninter e em cursos de pós-graduação. Como microempresário, atua na área de representação comercial há mais de 20 anos.